Madrid

Eine historische Beschreibung und ein

Handbuch der spanischen Hauptstadt

Albert Frederick Calvert

Writat

Diese Ausgabe erschien im Jahr 2023

ISBN: **9789358811346**

Herausgegeben von
Writat
E-Mail: info@writat.com

Inhalt

VORWORT

Unter den Städten Spaniens ist MADRID NUR EIN KLEINES KIND. Marius Fulvius belagerte Toledo fast zwei Jahrhunderte vor der Geburt Christi, und erst tausend Jahre später finden wir die erste historische Erwähnung von Madrid. London war unter dem Namen Augusta mehr als fünfhundert Jahre vor Don Ramiro II. eine der wichtigsten Städte Großbritanniens. von Leon zerstörte Majerit , wie es damals genannt wurde, im Jahr 939. Dies ist der erste maßgebliche Hinweis, den wir über Madrid haben. Im Jahr 1540 verließ Karl V. die altehrwürdigen Hauptstädte Valladolid, Sevilla, Saragossa und Toledo, um in der frischen, verdünnten Luft Madrids seine Gicht zu lindern. Im Jahr 1560 wurde die Stadt von Philipp II. zum „einzigen Hof" erklärt und als „Imperial y Coronada , muy noble y muy " bezeichnet leal "; Ferdinand VII. fügte 1814 die Worte „y muy heroica ."

Trotz der schmeichelhaften und würdevollen offiziellen Beinamen, die Madrid verliehen wurden, verfügt Madrid über viele natürliche Merkmale, die seiner Beliebtheit als Wohnzentrum entgegenstehen . Doch trotz ihrer isolierten und erhöhten Lage und des heimtückischen Klimas hat die Stadt die Kritiken, die ihr von heiklen und voreingenommenen Kritikern auferlegt wurden, nicht verdient. Denn Madrid ist eine Stadt mit breiten Durchgangsstraßen, prächtigen öffentlichen Gebäuden und schönen Häusern; und da sie aus ihrer geografischen Abgeschiedenheit befreit wurde, indem sie zum Zentrum des spanischen Eisenbahnsystems gemacht wurde , ist sie zu einer der am besten zugänglichen und wohlhabendsten Hauptstädte Europas geworden.

Indem ich einen Band einem historischen und beschreibenden Bericht über Madrid widme, erfülle ich nicht nur eine Pflicht, die bei keinem ernsthaften Versuch, diese spanische Reihe nützlich und umfassend zu machen, vernachlässigt werden darf, sondern es erfüllt mich auch die Hoffnung, dies zu können viele der falschen und diffamierenden Eindrücke zerstreuen, die im Hinblick auf die spanische Hauptstadt verbreitet sind. Ich bin die Aufgabe aus der Sicht eines Bewohners angegangen, der für Besucher der Stadt schreibt, und wenn meine Notizen zugunsten meines Themas voreingenommen sind, kann ich nur sagen, dass ich eine aufrichtige Vorliebe und Bewunderung für die Stadt hege, und ich habe gesprochen seiner Leute, wie ich sie gefunden habe. Die spanische Metropole ist modern; es ist durchdrungen von den Prinzipien des modernen Fortschritts; Und während man nie aufhört, sich über das unerschütterliche und unveränderliche Festhalten an einer unvordenklichen Vergangenheit zu freuen, die für Toledo charakteristisch ist, kann man doch ein gleichermaßen lebhaftes und anerkennendes Interesse am Geist des neuen Spaniens verspüren, das in Madrid zu finden ist.

Der angenehmste Teil des Privilegs eines Autors, ein Vorwort zu verfassen, ist nicht zuletzt die Möglichkeit, die Unterstützung und Höflichkeit anzuerkennen, die er bei der Erfüllung seiner Aufgabe erhalten hat. Mein Dank gilt Herrn W. Gallichan für die Unterstützung bei der Zusammenstellung, und ich danke auch Señor Don J. Lacoste und den Herren Hauser y Menet für ihre Freundlichkeit, die mir erlaubt haben, viele der Illustrationen zu reproduzieren, die dieses kleine Buch schmücken.

AFC

I

ALLGEMEINE EINDRÜCKE VON MADRID

„ VON Madrid in den Himmel und im Himmel ein Guckloch, um Madrid zu sehen", rühmen sich die Einwohner der spanischen Hauptstadt. Dieser Stolz hat seine Berechtigung, denn Madrid ist eine schöne Stadt, bemerkenswert für ihre Lage auf einem Plateau über zweitausend Fuß über dem Meer, berühmt für ihren Fortschritt im ereignisreichen 18. und 19. Jahrhundert und interessant aufgrund der großen Namen in der Stadt Kunst und Literatur sind in seinen Aufzeichnungen verankert. Madrid war für die Schriftsteller der romantischen Schule ebenso bezaubernd wie alles andere Spanische; Für de Musset war es „ Prinzessin des Espagnes " und „Blanche ville des Sérénades ".

Nur wenige Städte in Europa liegen inmitten so vieler natürlicher Entwicklungshemmnisse wie Madrid. Es liegt südlich und östlich der kahlen Berge Zentralspaniens, auf einem der vielen exponierten und fast baumlosen Hochebenen, wo die Winde des Winters und des frühen Frühlings stechen und beißen und die Sonne im Sommer erbarmungslose Hitze verströmt, die das Blut austrocknet neigt zur Mattigkeit. Das Klima dieser hochgelegenen Region ist so wechselhaft, dass es selbst mitten im August nie ganz sicher ist, die *Capa nach Sonnenuntergang* abzulegen , denn an den heißesten Tagen kann einem an der Straßenecke ein unheimlicher und eiskalter Atem entgegenströmen eine Gefahr von Kälte für die Lunge. Dennoch ist Madrid nicht ungesund. Es ist trocken, belebend, wird von einer Bergbrise umweht, über lange Zeiträume in strahlendes Sonnenlicht getaucht und ist frei von der Verunreinigung und dem Druck von Rauch. Mit der richtigen Vorsorge gegen Temperaturschwankungen kann man in dieser Stadt der Berge ein umfassendes Maß an Gesundheit genießen und bis ins hohe Alter leben. Die gefährlicheren Fieberarten sind in Madrid selten; Das Hauptrisiko für die Gesundheit liegt in der plötzlichen, scharfen Luft, die einem einen Schauer bereitet, wenn der Körper von der Sonne verbrannt ist und man sich umdreht, um die schattige Seite der Straße zu suchen.

Rio und Cabarras , zwei spanische Historiker, sprechen über die schlechten Gerüche und den Schmutz Madrids im 17. Jahrhundert. Dieser Vorwurf wurde jedoch zur Zeit von Henry Swinburne, einem intelligenten Reisenden , ausgeräumt, der die Stadt im Jahr 1776 besuchte. „Das Erscheinungsbild Madrids", schreibt Swinburne, „ist großartig und lebendig; edle Straßen, gute Häuser und ausgezeichnetes Pflaster, so sauber, wie es einst schmutzig war." Früher hielt man es nicht für notwendig, die Straßen zu waschen, da die Reinheit der Luft ein wirksames Gegenmittel gegen den Übel des Schmutzes und der Gerüche war. Rio beispielsweise vertritt die Meinung, dass die belebende Bergbrise eine ausreichende Entschlackung sei.

Die klare Qualität der Madrider Sonne ist ein Ausgleich für die Tücken ihrer Winde. Es gibt nur wenige sonnenlose Tage. „Der Himmel in Madrid ist fast immer klar und heiter", schrieb Laborde im Jahr 1809. Die Höhen des Guadarrama sind zu weit von der Stadt entfernt, um ihr Schatten zu spenden, und das strahlende Sonnenlicht strömt herab und überflutet die Straßen und Plätze. und dringt in jede Wohnung ein. Wenn Sie vom Stadtrand aus auf das weite, hügelige Land blicken, haben Sie eine wunderbare Aussicht voller Farben , Glanz und der Erhabenheit riesiger Sonnenlichtflächen. Der Himmel ist fast immer tiefblau; aber manchmal gibt es riesige Massen violetter Wolken über dem Horizont, deren vorbeiziehende Schatten wechselnde Licht- und Dunkelheitseffekte auf die weitläufige Landschaft erzeugen und der Sierra eine Strenge verleihen .

lange Zeit von Baumfällungen verwüstet. Die Bauern strebten außerdem die Ausrottung aller Vogelarten an, in der Illusion, dass jeder Vogel schädlich für die Ernte sei; und bei der Führung dieses Krieges wurde die Axt an die Wurzeln von Millionen von Bäumen gelegt, damit kein Hafen für kleine Vögel übrig blieb. Diese Abholzung der Wälder zerstörte die natürlichen Barrieren gegen eisige Winde, entzog dem Land jeglichen Schatten, machte Wüsten anstelle von Wäldern und beeinträchtigte das Klima und die Niederschläge. In späteren Jahren wurde eine klügere Politik eingeführt, und heute sind in der Umgebung der Stadt zahlreiche große Plantagen entstanden, und die einst entblößten Hügel und kahlen Schluchten sind hier und da mit schattigen Gehölzen übersät. Im Übrigen bieten die Gräser dieser grauen Hochebenen im Sommer eine mäßige Weide für Schafe.

Madrid fehlt die Würde und Schönheit, die ein breiter Fluss einer Stadt verleiht. Der kleine Manzanares ist keine imposante Flut. Es kann kaum als Fluss eingestuft werden. Der hübsche Puente de Toledo überspannt den Bach und verleiht seinem schlammigen Fluss einen Hauch von Malerischem; und es gibt auch die gut gebaute Brücke von Segovia mit vielen Bögen. Daraus entstand der heute ehrwürdige Witz, dass es besser sei, die Brücken zu verkaufen und mit dem Erlös etwas Wasser zu kaufen.

Mehrere Autoren haben erklärt, dass der Sitz des spanischen Gerichts nicht typisch für die Städte Spaniens sei. Dies kann in dem Sinne als wahr akzeptiert werden, dass es sehr wenig über die Natur der Antiquitäten zu zeigen hat. Segovia, Toledo, Avila, Burgos, Sevilla, Cordova und Granada besitzen interessantere und romantischere Denkmäler der Vergangenheit als die Stadt Madrid. Nichtsdestotrotz verbindet man die kastilische Hauptstadt mit Tagen von großer Bedeutung in der Geschichte Spaniens und ist darüber hinaus eine der schönsten Städte im heutigen Europa; Und was Madrid sonst noch fehlt, es verfügt über eine unschätzbare Sammlung einiger der weltbesten Meisterwerke der Malerei. Nur hier kann man die Größe von Velazquez erkennen und das Genie von Goya beurteilen. Auch die königliche Waffenkammer ist die beste der Welt.

Dass Madrid sich Paris zum Vorbild genommen hat, schadet ihm nicht. Die Stadt verkörpert eher den modernen Geist Spaniens als die mittelalterliche Atmosphäre. Es lebt nicht wie Cordova und Toledo von seiner Vergangenheit. Madrid strebt danach, eine fortschrittliche, moderne Gemeinde zu sein. Die Straßen sind breit, die Beleuchtung ist modern, in den Durchgangsstraßen verkehren elektrische Straßenbahnen, Automobile sowie Londoner und Pariser Fahrzeuge. Die Straßen werden dreimal am Tag mit dem Feuerwehrschlauch überschwemmt und die Belästigung durch den Staub wird dadurch gemindert.

Eine gute Versorgung mit gesundem Wasser ist in diesem trockenen Bezirk ein Segen, aber man muss zugeben, dass es Madrid in dieser Hinsicht nicht allzu gut geht. Die Plätze sind mit Bäumen geschmückt und es gibt öffentliche Parks, Gärten und Freiflächen. Der Engländer, der Franzose und der Deutsche fühlen sich in diesem kosmopolitischen Zentrum zu Hause ; und doch finden sich überall die Zeichen Spaniens, die wesentlichen Merkmale eines südlichen Volkes, wie sie sich in höfischen Manieren, Lebensweise, Vergnügungen, Kleidung und rassischem Temperament zeigen.

Zu sagen, Madrid sei eine versuchte Nachbildung von Paris, ist kaum eine angemessene Beschreibung der Stadt. Madrid hat einen ganz eigenen Aspekt und Charakter. Seine Fröhlichkeit wird durch kastilische Zurückhaltung gemildert. Die Geschäfte der Stadt werden ohne Hektik abgewickelt; Die Ablenkungen sind wichtige Dinge und werden gerne genossen. aber der Madrileño ist nicht so lebhaft und urkomisch wie der Pariser. Auch hier, im Zentrum des modernen Spaniens, beweist der Spanier seine Gelassenheit und Geduld. Er neigt nicht dazu, sich zu beeilen. Der Schnellzug, der mit einer Geschwindigkeit von 25 Meilen pro Stunde fährt, ist schnell genug für ihn, und er wird am frühen Morgen aufstehen, um ihn zu erreichen. Dennoch ist das Leben in Madrid ausgesprochen belebt, auch wenn seine Bewohner auf der Suche nach Vergnügen und nicht nach Reichtum sind.

Und doch wird in der Stadt gehandelt und spekuliert, und Kaufleute schaffen es, Geschäfte aufzubauen, und Ladenbesitzer gedeihen und machen gelegentlich große Vermögen. Aber das Ziel besteht eher darin, das Leben zu genießen, als in der Hoffnung, bis zum mittleren Alter Geld anzuhäufen, zu „drängen" und zu „hetzen". Kurz gesagt, die Kunst des zufriedenen Genießens wird in Madrid von allen Schichten diskret gepflegt. Valdés erzählt uns in seinem Roman „Froth", wie die „Smart Set" und die modischen Müßiggänger der Stadt ihre Tage verbringen, und das Bild ist dem Leben unserer eigenen West End-Gesellschaft nicht unähnlich. Aber Sentimentalität ist ein Luxus, für den die Reichen bereit sind, einen hohen Preis zu zahlen. Vielleicht sehen Sie wunderschön eingerichtete Häuser, die verlassen sind und vom Eigentümer dem Verfall preisgegeben wurden, weil seine geliebte Frau oder sein geliebtes Kind dort vielleicht vor Jahren ihren letzten Atemzug getan haben.

Nein, trotz der Straßenbahnen, der modernen Atmosphäre der Straßen und der Londoner und Pariser Kleidungsmode kann man nicht umhin zu erkennen , dass dies eine spanische Stadt ist. Schauen Sie sich den Arbeiter an, in seiner Leinenbluse und den Drillichhosen, mit der *Boina* auf dem Kopf und Leinenschuhen mit Hanfsohlen an den Füßen; oder das Arbeitermädchen mit einer Rose im Haar und einem Fächer in der Hand. Dies sind Typen Spaniens, die sich durch ihre sozialen Ideale, ihre Kleidung und ihre Physiognomie unterscheiden. Hin und wieder sieht man einen Bauern aus der Provinz, der mit einem Granden im Piccadilly-Kostüm die Schultern reibt. Der Kontrast ist scharf; Der Mann in der Stadt und der Feldarbeiter könnten aus zwei verschiedenen Ländern stammen, denn die Kleidung des Bauern ist eher afrikanisch als europäisch. Seine Füße stecken in Sandalen, seine Beine sind mit Leinen umwickelt, sein Kopf ist mit einem Tuch umwickelt und sein Körper ist mit weißer Baumwolle bekleidet. Und um seine Taille trägt er eine breite, fröhliche Seidenschärpe, in deren voluminösen Falten er sein Geld und seine scharfkantige *Navaja mit langer Klinge verbirgt* .

Wie antiquiert ist in britischen Augen auch der schwere und baufällige Ochsenkarren mit seinen quietschenden Rädern und dem Ochsenpaar unter dem geschnitzten Holzjoch! Und die Maultiergespanne – die hageren, knochigen Tiere in maurisch aussehenden Geschirren, mit klingelnden Glöckchen um den Hals und den urigen Schermaschinenvorrichtungen an ihren Mänteln, begleitet von dunkelhäutigen Männern in Kniebundhosen und kurzen Jacken, mit den … Sie trugen einen spitzen kastilischen Hut auf ihren kahlgeschorenen Köpfen – das ist sicherlich aus der Zeit, als Don Quijote in Begleitung seines treuen Sancho durch die großen grauen Wüsten der Mancha ritt.

Das alte Madrid verschwindet schnell. Eine seiner Grenzen war früher die Puerta del Sol, die heute fast im Zentrum der Stadt liegt. Das Tor existiert nicht mehr, aber der Ort, an dem es stand, trägt noch immer seinen Namen und ist Mittelpunkt des Stadtlebens. Die alten Purlieus befanden sich östlich des königlichen Palastes; Heute sind von den Gassen und kleinen Plätzen kaum noch etwas übrig, obwohl man hier und da eine malerische Ecke oder ein altes Haus entdecken kann.

Von der Puerta del Sol gehen die Hauptverkehrsstraßen Madrids aus. Von diesem zentralen Platz zweigen die Calle de Alcalá , die Calle del Arenal, die Calle Mayor und die elegante Carrera de San Jerónimo ab. An der Puerta del Sol steht das Ministerio de la Gobernación , ein großes, aber architektonisch nicht bemerkenswertes Gebäude. Hier befinden sich auch die wichtigsten Hotels, Cafés und Restaurants. In der Calle de San Jerónimo gibt es die besten Geschäfte. Jeder kommt zum Bummeln, Faulenzen und „Sonnenscheinen" in diesen hellen, belebten Ort im Herzen der Stadt. Es ist der Piccadilly Circus von Madrid. Alle Arten der Madrider Bevölkerung sind hier zu sehen, vom Stierkämpfer bis zum großen Gesetzgeber. Amerikanische und englische Touristen mischen sich unter die Menge; Auf den Sitzplätzen vor den Cafés besprechen deutsche Geschäftsreisende Geschäfte mit ihren Kunden; und man hört in den Hotels mehrere Sprachen.

Im Buen Retiro und den Parque de Madrid können Sie während der Nachmittagsparade die *Schönheit der Stadt vom Schatten der Bäume aus beobachten.* Hier gibt es über 200 Hektar Vergnügungspark, der mehr oder weniger ungepflegt ist, aber eine schöne Allee, Wege und schattenspendende Bäume enthält. Die Oberschicht der Stadt hat Freude am Reiten und Autofahren. Man muss eine Kutsche und ein Paar besitzen, um in der Madrider Gesellschaft eine Rolle zu spielen, und das Hobby des Autofahrens ist hier wie anderswo in Europa auf dem Vormarsch. Früher die Buen Retiro war ein königliches Anwesen. Könige von Spanien von Philipp II. an Karl III. griff auf dieses Vergnügen zurück , und in den Gärten stand ein Palast. Heutzutage ist der Parque ein öffentlicher Vergnügungsort, der von Oben und Unten genutzt wird und oft mit einem Karneval oder einer Blumenschlacht gefeiert wird. Der Königspalast überblickt Manzanares und dominiert die Stadt. Es handelt sich um ein riesiges Viereck, das von Sachetti entworfen wurde . Die Aussicht aus den Fenstern ist weit und beeindruckend, und vom Balkon in der Nähe der königlichen Waffenkammer kann man sich einen Eindruck von ihrer Schönheit verschaffen . Hinter dem Palast befindet sich der Campo del Moro, ein wunderschöner Garten an der Stelle, an der Ibn Yusuf den alten Alcázar belagerte . Nur Privilegierten ist der Zutritt zu diesem grünen Heiligtum gestattet.

In einem interessanten Buch, „Ein Jahr in Spanien", das 1831 von einem jungen Amerikaner geschrieben wurde, gibt es ein Bild des Alltagslebens in Madrid, das den Müßiggängern der Stadt von heute den Tagesablauf veranschaulichen könnte: „ Am Morgen ging es zunächst darum, alles für den Tag zu arrangieren und zu bestellen. Dann nahm jeder die kleine *Higada* aus Schokolade und *Panecillo* , ein kleines Brötchen, mit dem köstlichen Madrider Brot. Diese Mahlzeit wird nicht am Tisch, sondern im Sitzen, Stehen oder Gehen von Zimmer zu Zimmer und nicht selten im Bett eingenommen. Als dies vorbei war, ging jeder seinen besonderen

Beschäftigungen nach; die alte Frau mit ihren Diarios und Gacetas , um ihr Lesezimmer im Eingangsbereich zu öffnen; Florencia, um ihre Nadel zu üben; und Don Valentin, der über ihm den Kesselflicker spielte, nachdem er zuerst seinen Feuerstein, seinen Stahl, seine Zigarre und sein Papier hervorgeholt hatte, um seinen kurzen Zigarillo vorzubereiten, den er nach jenen Tagen der Freiheit, als eine Zigarre zwei kostete, mit einem Seufzer zwischen jedem Zug rauchte *cuartos* statt vier. Gegen Mittag rollte er sich in seinem *Capa zusammen Parda* – brauner Umhang – und steigen Sie in die Puerta del Sol hinab, um die tausend Gerüchte zu erfahren , die dort täglich im Umlauf sind. Wenn es ein Festtag wäre und die Messe vorbei sei, würde er mit seiner Tochter zum Prado gehen. Um zwei nahm die Familie ihr Mittagessen ein, das neben einem einfachen Nachtisch aus Suppe und *Puchero bestand* , gut gewürzt mit Pfeffer, Safran und Knoblauch. Wenn es Sommer gewesen wäre, hätte man die *Siesta im Schlaf verbracht;* Aber da es Winter war, nutzte Don Valentin die kurze Hitze, um mit einem Freund auszuziehen, und ging am Abend zu seiner *Tertulia* , dem freundschaftlichen Wiedersehen. Im Sommer ist ein oder sogar zwei Uhr die Stunde des Ruhestands; aber im Winter ist es elf. Als Letztes vor dem Zubettgehen nahm man sich immer ein Abendessen mit in Öl zubereitetem geschmortem Fleisch und Tomaten zum Schlafen zu."

Obwohl dies eine angemessene Darstellung des inaktiven Lebens Madrids ist, darf nicht davon ausgegangen werden, dass in der Stadt keine Geschäfte getätigt werden. Es gibt vergleichsweise wenige Hersteller; aber es gibt viele Geschäfte, und ein großer Teil der spanischen Produkte wird in die Hauptstadt gebracht. Tabak- und Metallwaren sind die Haupterzeugnisse, und es gibt eine große Anzahl von Handwerkern, die unabhängig in verschiedenen Berufen arbeiten. Madrid ist eher ein Zentrum der Kaufleute und Ladenbesitzer als der Fabrikanten.

George Borrow kam auf seiner Bibelverbreitungsmission nach Madrid und wohnte in der Calle de la Zarza , „einer dunklen, schmutzigen Straße, die jedoch in der Nähe der Puerta del Sol, dem zentralsten Punkt Madrids, lag." Borrow besuchte zwei Kriminelle, die erdrosselt wurden, und sammelte einige lebhafte und gruselige Eindrücke vom Leben unter den Manolos, dem „Gesindel von Madrid". Er erklärt, dass die Mauern der Stadt „die außergewöhnlichste Lebensmasse auf der ganzen Welt" umschließen, und behauptet, Madrid sei im Wesentlichen spanisch. Dies gilt nur, wenn man bedenkt, dass die Metropole Spaniens immer noch einen eigenen Charakter hat und in vielerlei Hinsicht „europäischer" und moderner ist als Sevilla, Cádiz, Malaga und Granada. In Cordova und Toledo werden wir auf Schritt und Tritt an den Einfluss der Morisco erinnert, aber in Madrid erinnern wir uns an das Spanien Karls V. und der Bourbonen.

Seit 1836 ist Madrid eine Universitätsstadt . Die in Alcalá gegründete Akademie wurde damals hierher verlegt und zählt heute etwa achttausend Studenten. Mitte des 18. Jahrhunderts wurde hier die Real Academia de Bellas Artes gegründet. Mehrere schöne Beispiele der Kunst von Murillo befinden sich in der Galerie der Akademie, außerdem gibt es Werke von Ribera, Rubens, Zurbaran und Alonso Cano. Neben diesen Institutionen gibt es die Akademie der Geschichte, die Akademie der Wissenschaften, die Akademie der Medizin und eine Reihe anderer gelehrter Gesellschaften.

Das Museum of Modern Art enthält nur wenige bedeutende Gemälde, aber es gibt einige bemerkenswerte Bilder von Fortuny und einige Stücke moderner Skulptur. Der große Kunstschatz, die Prado-Galerie, wird in einem separaten Band dieser Reihe ausführlich beschrieben. Es ist der größte Ruhm Madrids.

Das Marinemuseum wird an die frühere maritime Vormachtstellung Spaniens erinnern. In der Nationalbibliothek befinden sich fast eine Million Bücher und eine große Anzahl Manuskripte, darunter das schöne, illuminierte gotische Werk aus dem zehnten Jahrhundert, eine Bibel aus dem dreizehnten Jahrhundert und die Siete Partidas von Alfons dem Gelehrten. Das Nationalmuseum für Archäologie enthält eine sehr interessante Sammlung römischer, gotischer und maurischer Antiquitäten.

Es wäre schwierig, ein Wort zu finden, das den wahren Eindruck einer Stadt vermitteln würde, aber wenn wir uns auf die Verwendung eines einzigen Begriffs zur Beschreibung Madrids beschränken würden, käme Rokoko nahe . Die Hauptstadt ist elegant, fantasievoll und doch stattlich. Es lächelt nicht wie Sevilla und runzelt nicht die Stirn wie Toledo, und doch ist es weder traurig noch streng. Granada und Cordova schlafen. Madrid scheint nie zu schlafen; Es ist einer der unruhigsten Orte auf der Erde. Es hat die Würde von Kastilien und die Frivolität von Paris; Es zeigt teilweise die Überlastung Londons innerhalb seiner Tore, aber es gibt keine schmuddeligen, sonnenlosen Slums und kaum Anzeichen einer hässlichen Armut.

Es gibt das luxuriöse Madrid der Aristokratie und des Hidalgo, das Madrid, das für Mode und Vergnügen lebt, und es gibt das Madrid der Ladenbesitzer und der unteren Mittelschicht. Unter diesen Schichten befinden sich die Lohnempfänger, die Mechaniker und Arbeiter , eine sparsame und meist fleißige Gemeinschaft. Es gibt auch das Madrid einer großen, unscheinbaren Klasse, bestehend aus Bettlern, Dieben, Straßenhändlern sowie dem Pöbel und den Verfallenen der Gesellschaft.

Es gibt das Madrid der Casinos, manche intellektuell, andere nur gesellig oder sportlich. Die Stadt hat ihre Cliquen leidenschaftlicher Politiker, Militärs, Finanziers, Reformer, Freidenker, Revolutionäre und ihre Gesellschaften der Wissenschaft, der Gelehrten und der Künstler. Es gibt keinen bestimmten

Charakter, den man als typisch für Madrid bezeichnen könnte. Eine Leidenschaft ist jedoch in allen Klassen spürbar: die Liebe zum Stierkampf. Sevilla ist die Schule des Torero; Madrid ist der Schauplatz seiner Tapferkeit in der Arena. Der Stierkämpfer ist das Idol der Bevölkerung. In den Cafés der Puerta del Sol oder im Ring der Plaza de Toros ist seine Figur eine, die größtes Interesse und wärmste Bewunderung hervorruft. Ein hervorragender Jockey in England hat eine Schar von Bewunderern, aber er kann nicht den allgemeinen Respekt erlangen, der der *Espada* in Spanien zuteil wird . Der große Stierkämpfer ist das Haustier der Madrider Gesellschaft, der Halbgott der Bevölkerung, das Vorbild für den „Sport" der Stadt.

Es ist genauso einfach, in Madrid ein fleißiges, kontemplatives Leben zu führen wie in London, wenn man sich für Zurückhaltung entscheidet. Andererseits gibt es jede Menge Möglichkeiten für Fröhlichkeit, geselliges Beisammensein und Zerstreuung. Madrid bietet seinen Bewohnern nahezu jede Art von Leben. Seine 540.000 Eingeborenen, die Borrows „außergewöhnliche Lebensmasse" bilden , sind ebenso bunt gemischt wie die Bevölkerung von Manchester. Madrid ist daher weder ein rein kommerzielles, modisches, vergnügungssüchtiges noch kultiviertes Zentrum . Bilbao und Barcelona sind die geschäftigen Märkte Spaniens; Burgos, Salamanca und Cordova leben sozusagen von der Pracht der Vergangenheit, und man fragt sich, wie die Menschen leben. Aber Madrid pulsiert vor Leben und manifestiert die neuen Ideale und Ansichten des Landes im Bereich der Politik, in sozialen Reformen, in den Künsten und Wissenschaften und in den Abwechslungen der Gesellschaft. Im Bereich des Denkens hat das neue Spanien seinen Impuls und sein Zentrum in Madrid. Barcelona wird „das Leben Spaniens" genannt, und das trifft auch im kommerziellen Sinne zu. Dennoch rühmt sich Barcelona einer starken Affinität zu Frankreich und ein großer Teil seines Handels liegt in den Händen von Ausländern. Von Madrid kann man den Anstoß zu einem patriotischen, nationalen und rassischen Fortschritt erwarten, der auf der Kultur und der Anerkennung der Prinzipien der sozialen Freiheit basiert.

II

DIE GESCHICHTE DER STADT

DIE Aufzeichnungen über Madrid vor dem 10. Jahrhundert sind äußerst dürftig und die frühe Geschichte der Stadt ist größtenteils auf Mutmaßungen zurückzuführen. Es besteht kein Zweifel, dass die Mauren hier eine Festung errichteten und sie Majrît nannten ; aber die Römer waren bereits vor der arabischen Eroberung der Halbinsel im Besitz, wie einige von Fernandez de Oviedo in der Stadt entdeckte Tafeln beweisen.

Nach dem Zerfall des Kalifentums wurde die Stadt Toledo unterworfen. Ob sie vor oder nach dem Fall dieser Stadt durch Alfons VI. zurückerobert wurde, ist eine heikle Frage. Der Verdienst, die Stadt eingenommen zu haben, liegt bei den Einwohnern von Segovia. Zu dieser Zeit (1085) war Madrid von einer starken Mauer umgeben, die sich vom maurischen Alcázar , dem heutigen Königspalast, bis zur Kirche Unserer Lieben Frau von der Almudena erstreckte ; von dort bis zur Straße von Segovia an der Cuesta de los Ciegos zur Puerta de Moros und über die Calle Mayor und die Plaza de Oriente zum Alcázar .

Einer alten Überlieferung zufolge, die noch immer von einem Teil der Bevölkerung Madrids akzeptiert wird, wurde während der maurischen Besetzung ein Bild der Jungfrau von Almudena , das sich heute im Besitz der Nonnen des Sacramento-Klosters befindet, von eifrigen Christen versteckt. in einem Turm der Stadtmauer. Dreihundert Jahre nachdem das heilige Bild entdeckt und in der Kirche wiederhergestellt wurde. Es gibt eine ähnliche Legende über die Skulptur der Heiligen Mutter, die etwa zur gleichen Zeit gefunden wurde.

Nach dem Sieg von Alfonso wurde die Moschee gereinigt und der Vírgen de la Almudena geweiht . An ihrer Stelle steht die schöne neue Kathedrale. Zu dieser Zeit lebte eine gemischte Bevölkerung aus Christen, Juden und Mauren innerhalb der Stadtmauern, und die Grundnahrungsmittelindustrie war die Herstellung von Hanf, Leinen und Stoff. Eine der damaligen Vorschriften bezog sich auf das Maulkorbhalten von Hunden, wie aus einer Inspektion des merkwürdigen Fuero de Madrid hervorgeht, das von den Stadtbehörden aufbewahrt wird.

Die Stadt wird in kastilischen Annalen nur gelegentlich erwähnt. Sancho el Bravo suchte vergeblich nach Gesundheit und Kraft in der erfrischenden Luft.

Unter Ferdinand IV. Die Cortes versammelten sich erstmals in Madrid, um sich dort 1335 unter Alfons XI. erneut zu treffen. Die Stadtbewohner unterstützten wärmstens die Sache von Peter dem Grausamen. Im Jahr 1403 ließ Heinrich III. schickte von der Stadt aus unter Gonzalez Clavijo eine Botschaft nach Persien, um mit dem mächtigen Kriegerherrscher Tamerlane zu verhandeln. Die Abgesandten waren zwei Jahre lang von Spanien abwesend und besuchten während der Reise Konstantinopel und Samarkand.

Johannes II. und Heinrich IV. lebte im Königspalast und ermutigte viele Dichter Kastiliens, die zu ihrem Gefolge gehörten. Aus städtischen Dokumenten geht hervor, dass Madrid damals nicht so unhygienisch und vernachlässigt war, wie einige Autoren behaupten, denn es gab Regeln für die Müllentsorgung, und es wurde angeordnet, einige der Hauptstraßen zu pflastern.

Nach dem Tod Heinrichs IV. eroberte eine Fraktion, die seine Tochter Juana (die angeblich hier geboren wurde) unterstützte, den Alcázar und hielt ihn mehrere Wochen lang gegen den Duque del Infantado . Isabella hegte jedoch keinen Groll gegen die Stadt, und während ihrer glänzenden Herrschaft wuchs ihr Wohlstand sprunghaft. Es blieb der Krone während des Comuneros- Aufstands treu und wurde 1524 mit einem Besuch von Karl V. belohnt. Er hatte Fieber und kam auf Anraten seiner Ärzte nach Madrid, um in dieser hochgelegenen, kräftigen Region wieder gesund zu werden von Kastilien. Ein Jahr später geriet er in Konflikt mit Franz I. von Frankreich und der französische König war in Madrid gefangen. In Begleitung einiger Mitglieder seines Hofes bewohnte Franziskus ein Zimmer im alten Palast, der damals als Alcázar bekannt war . Es besteht kein Zweifel daran, dass er während dieser Inhaftierung schwere Demütigungen erlitten hat und von Zukunftsängsten geplagt wurde. Sein Gefängniswärter war Alarcon, der tapfere Befehlshaber der spanischen Infanterie, der seinen königlichen Gefangenen offenbar mit höflicher Rücksichtnahme behandelt hat.

Als Franziskus hörte, dass der Kaiser wünschte, er solle auf alle Ansprüche auf Italien verzichten und Burgund abgeben, ergriff er seinen Dolch und schwor, dass er lieber sterben würde, als den Bedingungen zuzustimmen. Und obwohl Alarcon ihn davon abhielt, den Dolch in seinen Körper zu stechen, erklärte der König, dass er lieber lebenslange Haft erleiden würde, als die Schande zu ertragen, durch den Verlust von Macht und Würde die Freiheit zu erlangen.

Der französische Herrscher lag auf seinem Bett, umgeben von Beratern, und verfiel in einen Zustand von Fieber und extremer Depression. Schließlich erklärte er seine Bereitschaft zum Nachgeben.

Durch den berühmten Vertrag von Madrid, der 1526 unterzeichnet wurde, verzichtete Franz I. auf seine Rechte auf Teile Italiens und bestimmte Teile Hollands und Belgiens. Der Vertrag wurde feierlich bei einem Gottesdienst gefeiert und die französischen und spanischen Monarchen verbrachten einige Tage zusammen, bevor Franziskus die Grenze Spaniens überschritt.

Kaum hatte er den Bidassoa überquert , rief Franziskus: „Ich bin schon ein König!" Er hatte nie vorgehabt, sich an die Bedingungen des Madrider Vertrags zu halten. Sein Glaubensbruch beunruhigte Charles, der Lannoy und Alarcon als seine Abgesandten nach Frankreich schickte. Ihr Auftrag war erfolglos; Franz bot dem Kaiser eine Geldsumme an , weigerte sich jedoch, Burgund abzutreten. Und so wurde die erbitterte Fehde zwischen Karl und Franziskus fortgesetzt.

Karl V. war ein einzigartiges Beispiel für Schwäche, Hartnäckigkeit und Vernunft mit einer Vorliebe für Recht und Gerechtigkeit. Er genoss die Ruhe von Aranjuez und leitete gern die Arbeit der Gärtner. Der Kaiser war in jungen Jahren sportlich und dem Feldsport verfallen. Er liebte den Anblick und die Geräusche der wilden Natur und hatte Freude daran, durch die Wälder zu streifen. Während seiner Italienbesuche besichtigte er viele berühmte Gemälde und huldigte Tizian. Seine Vielseitigkeit zeigte sich auch in seinem großen Geschmack für Musik und seinem Wissen über die Technik dieser Kunst.

Er war es, der als Erster das Projekt ersann, Madrid zur Hauptstadt zu erheben. Es blieb jedoch seinem Sohn überlassen, das Dekret zu erlassen, mit dem die Stadt zur *Unica Corte erklärt wurde* . Das Dokument aus dem Jahr 1561 ist leider verloren gegangen. Madrid hatte gegenüber Toledo, Valladolid und den anderen alten Hauptstädten den Vorteil, dass es nicht mit einem bestimmten der Königreiche, aus denen Spanien bestand, identifiziert wurde, sondern mit Spanien im Allgemeinen.

Philipp II. hielt seinen Hof 1561 in Madrid, zog aber die Einsamkeit seines Palastes Escorial vor. Unter der Herrschaft dieses Monarchen wurde die Stadt vergrößert, die Straßen verbreitert und mehrere Plätze gebaut. Zu dieser Zeit wurden zahlreiche umliegende Wälder abgeholzt, um Geld für die königliche Schatzkammer zu sammeln. Don Johannes von Österreich, der leibliche Sohn Philipps IV. von der schönen Schauspielerin Calderona , lebte im Buen Retiro . In „Die Reisen der Dame nach Spanien" aus dem Jahr 1679 lesen wir, dass es gegen den Brauch verstieß, den unehelichen Söhnen des Königshauses die Einreise nach Madrid zu gestatten. Don John wurde daher im Buen eingesperrt Retiro , „das ist der königliche Sitz in einem der entferntesten Teile Madrids, etwas außerhalb des Tors." Hier führte der Prinz ein zurückgezogenes Leben. „Und er zeigte sich so wenig, dass man ihn zu Lebzeiten des verstorbenen Königs bei keinem öffentlichen Fest sah. Doch seitdem haben sich die Zeiten geändert, und sein Vermögen steht auf einem anderen Grund."

Laut dieser sehr unterhaltsamen Autorin war Don John mittelgroß, gutaussehend und hatte „ein äußerst männliches Gesicht". Seine Ansprache war elegant und freundlich, und er galt als gebildet in den Künsten und Wissenschaften. Er „hatte große Freude an der Mathematik ". Madrid war zu dieser Zeit für die Reinheit seiner Luft und seines Wassers bekannt. Das Wasser war „so gut und so leicht, dass der Kardinalinfant in Flandern kein anderes Wasser trinken würde; und er ließ es in irdenen Krügen, gut verwahrt, auf dem Seeweg herbringen ." Die Straßen der Stadt waren schlecht gepflastert, so dass die Pferde oft bis zu den Knien und die Kutschen bis an die Räder sanken. Zu dieser Zeit gab es in Madrid keine Befestigungen und die Tore wurden nicht verteidigt. Dennoch gab es auch zu dieser Zeit lange und breite Straßen und viele prächtige Häuser. Gasthäuser gab es in Hülle und Fülle, in denen die Hauptgerichte Bohnen, Knoblauch, Lauch und Brühe waren. Es gab sehr wenig Trunkenheit. Männer tranken tagsüber weniger als einen halben Pint Wein, und die Mehrheit der Frauen verzichtete gänzlich darauf.

Zu diesem Zeitpunkt war es üblich, eine große Anzahl von Hausangestellten zu beschäftigen. Die Herzogin von Osuna hatte etwa achthundert Diener, und jedes Zimmer schien voll davon zu sein. Nur berechtigte Personen durften Teams von vier Maultieren lenken. Wenn ein Bürger es wagte, mit einer solchen Kutsche auf der Straße zu erscheinen, wurde ihm eine Geldstrafe auferlegt und die Spuren seiner Kutsche wurden zerschnitten. Die Mannschaft des Königs bestand aus sechs Maultieren.

Die Töchter vornehmer Familien in Madrid wurden oft in eine Art Dienst an Freunde ihrer Verwandten gestellt, die sie mit Stickereien und anderen Handarbeiten beschäftigten, denn wenn die jungen Frauen zu Hause blieben, verbrachten sie ihre Zeit mit müßigem Geschwätz . Der Farthingale wurde getragen, und er war oft riesig und für den Träger und andere Personen äußerst störend. Manche Modedamen trugen bis zu ein Dutzend Röcke und Unterröcke, außer in den heißen Monaten, wenn sie sich mit sieben oder acht begnügten, einige davon aus Satin und andere aus Samt. Da die Kleider tief ausgeschnitten waren, war es Brauch, neben den Wangen auch die Schultern mit Rouge zu versehen.

Die Damen der Madrider Gesellschaft pflegten zu dieser Zeit auf dem Boden zu sitzen, die Beine nach orientalischer Art gekreuzt. Sie spielten Ombre, machten nur wenig Bewegung im Freien, spielten mit ihren Nadeln und lasen sehr wenig. Bei der Messe trugen die Frauen riesige Muffs und jede hatte einen Ventilator, der sowohl bei heißem als auch bei kaltem Wetter verwendet wurde.

Die Autorin, die diese Eindrücke von Madrid festhält, war die Gräfin d'Aulnoy . Einige moderne spanische Chronisten sind der Meinung, dass ihre

Berichte über die Sitten und Gebräuche dieser Zeit überfärbt und oft falsch sind.

Es war in der Regierungszeit Philipps III. dass der erste Teil von Cervantes' „Don Quijote" in einem Haus in der Calle de Atocha von Juan de la Cuesta gedruckt wurde und die große Satire 1605 veröffentlicht wurde. Philipp III. verlegte das Gericht nach Valladolid, wo es etwa vier Jahre lang bestehen blieb und dann in Madrid wieder eingesetzt wurde. Während der Herrschaft Philipps wurde die Plaza Mayor errichtet.

Die Herrschaft seines Nachfolgers wurde durch die öffentliche Hinrichtung des unglücklichen Calderon eingeleitet, dessen Sturz das Thema vieler Liebesromane war.

Die Hochzeit der Infantin Maria, der Schwester Philipps IV., mit Karl von England sollte im März 1623 in Madrid gefeiert werden. Karl wohnte im Kloster San Jeronimo und danach im Königspalast, wo er fünf Jahre blieb Monate und wurde mit Stierkämpfen, *Festen* und Bällen unterhalten. Dem englischen Prinzen wurde jedoch die Heirat mit der Prinzessin Maria durch Hindernisse politischer Natur verwehrt.

Philipp IV. baute den Palast des Buen Retiro in Madrid, inspiriert durch das Vorbild von Fontainebleau. In dieser neuen königlichen Residenz wurden viele Bälle abgehalten und viel Geld für Festlichkeiten von sehr luxuriösem Charakter ausgegeben. In der Zwischenzeit floss auf den Gerüsten Madrids edles Blut, als Folge der gescheiterten Verschwörung, das Haus Braganza auf den Thron Spaniens und den Herzog von Medina Sidonia auf den Thron Andalusiens zu setzen.

Madrid litt unter der allgemeinen Not, die sich zu dieser Zeit über Spanien ausbreitete. In den umliegenden Dörfern herrschte Hungersnot und die Lebensmittelversorgung der Stadt war ernsthaft gefährdet. Die Aussichten waren so bedrohlich, dass der Präsident von Kastilien 1664 eine Militärmacht entsandte, um die Bauern zu zwingen, ihre Produkte nach Madrid zu schicken. Im Jahr 1680 herrschte in der Stadt großes Elend und Leid, und die Menschen erhoben sich und bildeten Banden zum Zweck der Plünderung. In Madrid wimmelte es von Bettlern, und im Umland trieben verzweifelte Räuberbanden ihr Unwesen.

Der Wechsel von der österreichischen zur bourbonischen Herrschaft erwies sich als Rettung Madrids. Karl III. war ein aufgeklärter Herrscher, ehrlich in seinen Überzeugungen und energisch in seinen Reformmaßnahmen . Er verbesserte die Armee und machte Spanien zu einer Macht ersten Ranges. Seine Politik gegenüber den amerikanischen Kolonien war liberal und versöhnlich. Karl hob ungerechte Steuern auf, setzte sich für die armen Menschen ein und trat für humane Regierungsprinzipien ein. Er förderte die

Wissenschaften, die Kunst und die Literatur Spaniens, er schützte die Presse und gewährte den Druckern Immunität vom Militärdienst. Während der Herrschaft Karls III. Schulen und Hochschulen wurden gegründet. Er verbesserte und verschönerte Madrid, obwohl er einmal die Idee hatte, den Regierungssitz nach Sevilla zu verlegen; und veranlasste die Anlage von Parks und Promenaden. Unter der Leitung dieses Monarchen wurden Kanäle gebaut, Straßen angelegt, Brachland urbar gemacht und die Industrie angekurbelt.

Die Madrider haben allen Grund, Karl III. zu respektieren. Seiner Initiative verdanken sie das schöne Zollhaus, die Prado-Galerie, das Allgemeine Krankenhaus, das Alcalá- Tor, das Observatorium, den Botanischen Garten und die Naturhistorische Bibliothek. Diese und andere Institutionen und öffentliche Gebäude wurden während der Herrschaft dieses hervorragenden Königs gegründet und errichtet.

Die Geschichte Madrids verschmilzt mit der des Königreichs. Die Führung beim „Dos de Mayo" im Jahr 1808, als die Puerta del Sol und die angrenzenden Straßen mit unerschrockenem, aber vergeblichem Mut vom Madrider Volk gegen die Franzosen gehalten wurden, war das Signal für den Aufstand des ganzen Landes gegen die Franzosen Eindringling. Die Hauptstadt hatte ihre Führung durch ihre Verteidigung der Würde und Unabhängigkeit der Nation wohlverdient. Jede Episode seiner bewegten Geschichte seit diesem denkwürdigen Tag wurde vom großen epischen Romanautor Galdós anschaulich und unnachahmlich beschrieben . Während des gesamten 19. Jahrhunderts hatte die Stadt ihren vollen Anteil an den Wechselfällen und Zwietracht, die mit der Thronbesteigung von König Alfons XII. ein glückliches Ende fanden. und die Gründung der stärksten und aufgeklärtesten Regierung, die Spanien seit Jahrhunderten gekannt hatte.

Der Chevalier de Bourgoanne , der 1789 von seinen „Reisen durch Spanien" berichtete, sagte, dass Madrid zu dieser Zeit achtzehn Pfarreien, fünfunddreißig Klöster, einunddreißig Klöster, neununddreißig Kollegien, fünfzehn Tore und etwa 140.000 Einwohner hatte. Die Einwohnerzahl nähert sich mittlerweile der 600.000-Marke. Seit dem 18. Jahrhundert hat Madrid seine Grenzen nach allen Seiten erweitert und ist zu einer modernen Stadt ersten Ranges herangewachsen.

Die Mauern, die nie eine besonders beeindruckende Verteidigung darstellten, wurden 1868 niedergerissen, um Madrid zu vergrößern. Zu dieser Zeit wurde die neue Plaza de Toros errichtet, die Puerta del Sol verbreitert und das Viadukt über die Calle de Segovia gebaut. Die Straßen sind mittlerweile gut mit Stein oder Asphalt gepflastert und mit Gas- und Elektrolicht beleuchtet. Der Hauptmarkt befindet sich auf der 1870 erbauten Plaza de la Cebada .

Auf mehreren Plätzen und Promenaden gibt es Brunnen, Statuen und Denkmäler. Eines der schönsten Denkmäler ist das zum Gedenken an die Helden des Dos de Mayo (2. Mai) errichtete Denkmal. Es besteht aus Granit und hat die Form eines Obelisken, umgeben von symbolischen Figuren. Dieses Denkmal wurde von Isidro Velazquez entworfen. Eine Marmorgruppe vor einer der Fassaden des Museo del Prado stellt Daoiz und Velarde dar, die tapferen Artillerieoffiziere, die bei dieser Gelegenheit zur Verteidigung des Throns und des Landes fielen.

Madrid war schon immer eine Stadt der Handwerker und Kleinhändler, und selbst heute gibt es nur sehr wenige große Industrien oder Fabriken. Es gibt viele kleine Arbeitgeber, die Arbeitskräfte beschäftigen, und viele Personen, die mit ihren eigenen Fabriken und Lagerbeständen handeln und Arbeit für ihre eigenen Familien finden. Die Zahl der gut ausgestatteten Geschäfte nimmt stetig zu und man versucht, mit den großen Geschäften in Paris und London zu konkurrieren, wie man bei einem Spaziergang durch die Hauptverkehrsstraßen sehen kann, die von der Puerta del Sol ausgehen.

Das Wappen der Stadt ist ein Baum mit Blättern, an dessen Stamm ein Bär klettert, und das Wappen wird von einer Krone gekrönt. Madrid trägt den Titel „Imperial y Coronada , muy noble y muy. " leal y muy heroica ."

III

DER GERICHTSHOF UND DIE GESELLSCHAFT IN MADRID

SEIT der Herrschaft Philipps II. Madrid war die *unica Corte* oder der Sitz des spanischen Gerichtshofs. Vor dem 12. Jahrhundert stand an der Stelle des heutigen Königspalastes ein maurischer Alcázar , der von Heinrich IV. erbaut, von nachfolgenden Monarchen erweitert und von Philipp III. erheblich erweitert wurde. Die ursprünglichen Architekten waren Herrera, Toledo und andere berühmte Designer der damaligen Zeit; Aber dieses Bauwerk wurde niedergebrannt, und 1738 plante Giovanni Sachetti einen noch größeren Palast, dessen Bau und Verschönerung angeblich 3.000.000 Pfund gekostet haben sollen.

Der moderne Palacio Real ist rechteckig und steht auf einer Anhöhe, die einen weiten Blick auf die hügelige Hochebene und die fernen Berge von Kastilien bietet. Es ist aus Granit gebaut und hat breite Flügel. Die Hauptfassade liegt auf der Südseite. Der Fürsteneingang ist einer der mehreren Eingänge der schönen Fassade. Im Norden befindet sich ein weiteres Portal von bewundernswerter Gestaltung, das zum großen *Patio* oder Innenhof führt. Der Hof ist von einer Piazza umgeben, die auf sechsunddreißig Bögen ruht, mit ebenso vielen Bögen darüber, die eine Galerie bilden. und auf dem Platz stehen Statuen der römischen Kaiser, die in Spanien herrschten.

Die große Treppe besteht aus weißem und schwarzem Marmor und hat ein allegorisches Deckengemälde des Italieners Giacinto . Im prächtigen Thronsaal sind die Ausstattung und Dekorationen prächtig, und an der Decke hängt ein von Tiepolo gemaltes Bild der Majestät Spaniens. Gasparini entwarf den wunderschönen Saal, der seinen Namen trägt, dessen Decke aus Porzellan besteht und dessen Wände mit Satin geschmückt sind, auf dem Blumen gearbeitet sind. Der Prunkspeisesaal aus Marmor enthält Freskenmalereien. Die königliche Kapelle hat Marmorsäulen und über dem Altar befindet sich ein Gemälde von Mengs. In der Nähe der Sakristei werden die heiligen Reliquien aufbewahrt; und in der Tapiceria gibt es eine sehr schöne Sammlung von Wandteppichen niederländischer Künstler. An den Königspalast angeschlossen sind die Waffenkammer , über die später noch etwas gesagt wird, die hervorragend ausgestatteten königlichen Stallungen und die abgeschiedenen und wunderschönen Gärten.

Dies ist die Hauptresidenz von König Alfons von Spanien. Die königliche Zeremonie steht unter der Leitung des Hausmeisters und des Lord High Steward. Bei diesen Offizieren handelt es sich stets um hochgeborene

Personen, die mit den Ehren des Ordens Karls III. ausgestattet sind. und das Goldene Vlies. Der Oberstallmeister des königlichen Haushalts übernimmt die Position des Palastherrn, wenn dieser Beamte abwesend ist, kontrolliert die Jagd des Königs und leitet mehrere untergeordnete Beamte des Hofes.

Der oberste Kaplan des Königs ist der Erzbischof von Toledo. Eines der Hauptmitglieder des Haushalts ist der Hüter der Garderobe der Königin. Dann kommen die Herren des Schlafgemachs, die Ehrendamen und die Mayordomos de Semana (der Woche). Der kommandierende Militäroffizier ist der General der Royal Hellebardier Guards, und dieser Funktionär leitet die Zeremonie, bei der die Palasttüren um sechs Uhr morgens geöffnet und um elf Uhr abends geschlossen werden. In Spanien gelten die königlichen Residenzen als Festungen und werden von Truppen geschützt.

Der Generalintendant des Königshauses und des königlichen Erbes hat einen verantwortungsvollen Posten inne und verwaltet die Güter und Einkünfte des Königs. Weitere Beamte sind die Privatsekretäre, der Direktor der königlichen Stallungen, der Chefarzt, der Chefchemiker, der Chefarchitekt, der Signetsekretär, der Sekretär der Hohen Kammer, der Archivar, der Chefbibliothekar und der Direktor der Royal Armory und Leiter der Tapisseriesammlung. Die Herren des königlichen Haushalts tragen ein Amtsabzeichen in Form eines silbernen Schlüssels und sind für verschiedene Anlässe in besondere Uniformen gekleidet.

Pomp und Zeremonie begleiten die Bewegungen des spanischen Herrschers, und es gibt einen ausführlichen „Hofführer", der alle Verordnungen und Vorschriften enthält, die das Leben im Palast regeln. Die Strenge der Etikette am spanischen Hof wird jedoch in den Berichten, die Fremde seit der Zeit der Gräfin verfasst haben, übertrieben dargestellt d'Aulnoy , ein moderner spanischer Schriftsteller, behauptet, dass der Gerichtshof „demokratischer als die meisten europäischen Gerichte" sei.

Dieser Autor sagt: „Fast alle Verhaltensregeln, die derzeit von den Personen befolgt werden, die Zugang zum König und der Königin und ihren Familienmitgliedern haben, sind lediglich Formeln reiner Höflichkeit, die diejenigen befolgen, die sie kennen, die es aber auch tun." weder im Palast auferlegt noch denen gegenüber erwähnt, die sie nicht kennen. Den Handschuh von der rechten Hand abnehmen, um dem König die Hand zu schütteln; ihn so behandeln, wie es ihm zusteht; er steht auf, wenn er aufsteht, und spricht nicht mit ihm, außer als Antwort auf seine Fragen; Dies sind die wichtigsten Punkte, die es zu beachten gilt und die von den Höflingen selbst manchmal vergessen werden, ohne dass es ihnen Beachtung schenkt."

Gottesdienste und Feste werden im Palast Seiner Katholischen Majestät strikt eingehalten und von allen Mitgliedern seines Hofes besucht. Die Hauptfeierlichkeiten sind das Fest der Unbefleckten Empfängnis und der

Geburt Christi, der Offenbarung und der Reinigung, Aschermittwoch, Verkündigung und Menschwerdung, Palmsonntag, Gründonnerstag, Karfreitag, Ostersonntag, Himmelfahrt, Pfingsten, Heilige Dreifaltigkeit, Fronleichnam und Allerheiligen und das Patronat Unserer Lieben Frau. Während der Feier dieser Feste und Gottesdienste hat die Öffentlichkeit Zutritt zu den Galerien der Königlichen Kapelle.

Der König trägt bei diesen religiösen Feiern eine Uniform oder Hofkleidung, die Königin trägt immer eine schwarze oder weiße *Mantilla* und eine lange Schleppe zu ihrem Kleid, die von Pagen getragen wird. Der Herrscher sitzt unter einem Baldachin und die Prinzen und Prinzessinnen sitzen auf beiden Seiten des Throns. Jeder Grand des Gerichts hat seinen zugewiesenen Sitz.

Die königlichen Kinder werden aus einem Taufbecken getauft, in dem der heilige Dominikus, der unsterbliche Gründer der Friars Preachers, getauft wurde. In der königlichen Kapelle des Palastes werden die Hochzeiten der Prinzen und Prinzessinnen gefeiert, die Könige werden jedoch in der Atocha-Kirche getraut.

Im Vorzimmer werden die Außenminister empfangen. Es gibt ein jährliches Bankett für das gesamte Diplomatische Corps. Eine der Gerichtszeremonien ist die Verleihung des Titels Grandee im Vorzimmer.

Jede Nacht wird der spanische Monarch in seinem Schlaf vom alten Korps von Monteros de Espinosa bewacht. Diese Offiziere sind verpflichtet, den König jede Nacht und nach seinem Tod zu bewachen, bis sein Leichnam zum königlichen Panteon im Palast des Escorial gebracht wird.

Der Wechsel der königlichen Garde findet jeden Morgen auf dem Gelände des Palastes statt und ist ein interessantes Militärspektakel, das zahlreiche Einheimische Madrids und Besucher der Stadt anzieht. Es stammt aus der Zeit Karls III. Während der Zeremonie spielt eine Regimentskapelle unter den Fenstern des Palastes.

Die Königinmutter von König Alfons XIII. ist von starkem religiösem Eifer geprägt und ein Vorbild für die Madrider Gesellschaft in Bezug auf die Einhaltung der Regeln der Kirche und die Ausübung der Nächstenliebe. Aber Frömmigkeit gehört nicht zu den herausragenden Eigenschaften des Madrileño , und in seiner Sprache herrscht ein bemerkenswerter Mangel an Zurückhaltung! Dennoch schreibt Valentin Gómez: „Religion ist Nächstenliebe, Liebe, und es lässt sich nicht leugnen, dass in dieser Hinsicht das Herz Madrids religiös ist, auch wenn die Kruste hart und unansehnlich ist, und dass aus seiner praktischen Religion große und gute Arbeit hervorgegangen ist." "

Kirchliche Feste sind ein wesentlicher Bestandteil des Lebens in Madrid. Die Vierzig Stunden werden in dreißig Kirchen der Stadt gefeiert. In der

Karwoche finden eindrucksvolle Gottesdienste und feierliche Prozessionen auf den Straßen statt. Jeder geht in Schwarz gekleidet; Ablenkungen aller Art und alle außer unerlässlichen Geschäften werden ausgesetzt. Über der fieberhaften Stadt herrscht feierliche Stille. Am Gründonnerstag und Karfreitag ist der Verkehr auf den Durchgangsstraßen verboten und die Straßenbahnen verkehren zu bestimmten Zeiten nicht. Am Gründonnerstag wäscht der König im Palast die Füße von zwölf bedürftigen Männern und Frauen, und die Öffentlichkeit nimmt an der Zeremonie teil. Karfreitag ist ein Gnadentag, an dem der König nach eigenem Ermessen Gnade gegenüber Kriminellen übt, denen Kapitalverbrechen vorgeworfen werden.

Eine *Romeria* oder Pilgerfahrt wird am Morgen des Karfreitags gefeiert, wenn Menschenmengen die Cara de Dios besuchen und anschließend durch die Straßen schlendern. Auch am Karfreitag finden imposante Prozessionen statt, an denen teilweise der König und die Würdenträger des Hofes teilnehmen.

Die Fronleichnamsfeste sind sehr wichtig. Eine prächtige Prozession bildet der oberste Klerus, Mitglieder des Hofes und Militäroffiziere. Während dieser Feierlichkeiten finden am Stadtrand Messen statt. Im Juni findet eine merkwürdige Zeremonie zum Gedenken an den heiligen Johannes statt. Am Abend des 23. Juni versammelt sich das Volk auf der Plaza de Madrid, und um Mitternacht tauchen die Gläubigen ihre Hände in den Brunnen der Kybele und schütten das Wasser über die Umstehenden, die das Becken nicht erreichen können.

Der Advent wird durch die Verkündigung eines kirchlichen Dekrets in den Straßen der Stadt gefeiert. Diese Bulle bezieht sich auf die Kreuzzüge und wird von einem Würdenträger der Kirche vorgelesen, der von Wachen und Trompetern begleitet wird. An Heiligabend gibt es in vielen Kirchen eine Mitternachtsmesse, gefolgt von einem Jubel auf den Straßen, bei dem die Menschen singen, Trommeln schlagen und mit verschiedenen Instrumenten lebhaften Lärm machen.

Madrid ist ein wichtiges Militärkommando, und die Angehörigen dieses Militärdienstes gehören zu den angesagtesten Truppen der Stadt, wie auch in anderen Teilen Europas. In Spanien verleiht die Uniform jedoch keine soziale Auszeichnung, und die Offiziere verkehren weiterhin in den Kreisen, aus denen sie stammen. Militärische Arroganz ist kein Merkmal des Spaniers. Uniformen tragen zur Helligkeit der Menge in Madrid bei, und auf den Straßen ist oft der Klang von Regimentskapellen zu hören. In Caravanchel , elf Kilometer von der Stadt entfernt, befindet sich ein großes Lager und Übungsgelände für die Truppen, wo im Sommer wichtige Besprechungen abgehalten werden, an denen der König und sein Gefolge teilnehmen.

Der Generalkapitän des Ersten Armeekorps lebt in Madrid und leitet zwei Divisionen dieses Korps. Leichte Infanterie, Kavallerie und Artillerie sind in oder in der Nähe der Stadt stationiert. Die Hauptkasernen sind die Montaña und die Königin Maria Cristina. Die Kaserne von San Francisco ist ein altes Kloster, das heute für militärische Zwecke genutzt wird .

Das Kriegsministerium befindet sich in Madrid im Buena Vista Palace. Die Artillerie und die Ingenieure haben ihre Museen und Laboratorien, und in der Stadt gibt es ein Militärkasino oder einen Militärclub mit einer Turnhalle, Bädern, einem Fechtraum und einem Speisesaal.

Die wichtigsten Freizeitaktivitäten der Madrider Gesellschaft sind Stierkampf, Theater, Tanz, Autofahren und Kartenspielen. Der nationale Zeitvertreib des Stierkampfes erfordert ein eigenes Kapitel, und das Theater wird in einem anderen Abschnitt dieses Bandes behandelt. Wir können hier ein oder zwei Seiten dem spanischen Tanz widmen, einem der beliebtesten und bezauberndsten Zeitvertreibe des Landes. Jede Provinz Spaniens hat ihre traditionellen Tänze, von der Jota Aragonesa aus Aragon bis zu den Seguidillas aus Sevilla. Andalusien ist die Region maurischer Tänze, Überbleibsel aus alten Zeiten, die die Leidenschaft der Liebe beschreiben. Der Cachucha soll in seinem Ursprung vorrömisch sein, und es besteht kein Zweifel daran, dass die meisten Nationaltänze sehr alt sind. Einige dieser Tänze sind ernst und langsam, andere fröhlich und flink, und alle zeichnen sich durch Anmut und Charme aus. Der Zarabanda , ein maurischer Tanz mit üppigem Charakter, wurde einst von der Regierung verboten und galt als eine Erfindung des Teufels. Auch der Fandango geriet früher unter Vorwürfe.

Typische Tänze kann man in zwei oder drei Varietétheatern Madrids erleben, aber die besten Tänzer findet man im Süden, in Malaga und im sonnigen Sevilla. Viele Damen in der Gesellschaft zeichnen sich durch die Kunst des Tanzens aus und zeigen bei privaten Zusammenkünften ihr Können und ihre geschmeidige Anmut in wunderschönen Bewegungen zur Begleitung von Klavier, Gitarre und Kastagnetten. Die Hände und der Rumpf spielen beim spanischen Tanz eine nicht weniger wichtige Rolle als die Füße.

Neben den charakteristischen Nationaltänzen gibt es auch die Quadrillen und Bühnentänze anderer Länder, die in Spanien eingeführt wurden. Das Menuett war einst Teil der Ausbildung aller Oberschichtfamilien auf der Halbinsel.

Tanzen ist oft Teil der Unterhaltung, die bei *Tertulias* oder abendlichen Zusammenkünften in der eleganten Gesellschaft geboten wird. Es ist der Ehrgeiz jeder gutaussehenden Dame in Madrid, für ihre Gastfreundschaft berühmt zu sein und als Mittelpunkt einer *Tertulia zu glänzen* , einer Institution, die in gewisser Weise an die *Salons* Frankreichs erinnert.

Schießen, Pferderennen, Taubenschießen und das als *Pelota bekannte Ballspiel* sind die wichtigsten Outdoor-Freizeitaktivitäten der Freizeitklasse in Madrid. Der spanische *Cazador* oder Sportler ist normalerweise ein guter Schütze und in der Lage, bei der Ausübung seines Spiels schwere Ermüdungserscheinungen auszuhalten. Wildschweine und Hirsche gibt es in den Reservaten der alten Familien ziemlich häufig, und diese Wildtiere sind auch in den meisten wilden Gebirgszügen anzutreffen. Hasen und Rebhühner bieten Sport in einer Liga von Madrid, und die Montes de Toledo waren schon immer für ihr Großwild bekannt.

Das Juego de Pelota ist ein beliebtes Spiel, das von Profis auf drei oder vier Plätzen in der Stadt gespielt wird. Pelota ist ein altes Freizeitvergnügen auf dem Land, das zu einem Modesport geworden ist. Die Basken und die Navarresen brillieren in diesem Spiel. Die Spieler tragen einen Handschutz und die Bälle bestehen aus Kautschuk mit Lederummantelung. Der Ball wird gegen eine hohe Wand geschlagen und so geschlagen, dass er beim Abprall in ein auf dem Boden markiertes Feld fällt. In mancher Hinsicht *Pelota* ähnelt dem Fünfer und hat auch Ähnlichkeit mit Rasentennis. Es ist ein temperamentvolles und hochinteressantes Spiel, und die besten Spieler sind auf den öffentlichen *Plätzen* Madrids zu sehen.

Die Madrileños besuchen gerne Clubs und Cafés, aber in der Stadt gibt es kaum Trunkenheit, obwohl diese Urlaubsorte immer überfüllt sind. Madrid ist eine der nüchternsten Städte Europas, und in ganz Spanien wird das Wort Trunkenbold (*Borracho*) in der vornehmen Gesellschaft selten verwendet. Das Lieblingsgetränk ist schwarzer Kaffee , dem manchmal auch ein paar Tropfen Spiritus zugesetzt werden. Die gebräuchlichsten Weine sind helle Rotweine oder Weißweine. Ein leichtes Lagerbier ist bei heißem Wetter ein Lieblingsgetränk .

Die beliebten Cafés der Puerta del Sol werden als Clubs genutzt, in denen alle Klassen zum Plaudern und Rauchen, zum Zeitunglesen oder zum Billardspielen Zuflucht suchen. Diese Orte sind abends überfüllt, und oft hört man bis in die frühen Morgenstunden das Summen der Gespräche und das Klicken der Billardkugeln.

Als Zentrum des Hofes und Wohnsitz der Herrscherfamilie ist Madrid natürlich auch der Urlaubsort und die Heimat vieler Mitglieder der Aristokratie. Der Herzog von Lerma, der Herzog von Villahermosa und die Familie Osuna hatten Paläste in der Stadt; und der erste Herzog von Alba lebte in der Calle de la Princesa , die seitdem in Calle de Alba umbenannt wurde. Der wunderschöne Liria- Palast, entworfen von Ventura Rodriguez, ist heute die Heimat des jungen Herzogs von Alba und seines Bruders und seiner Schwester, Graf de Montijo und Doña Sol.

Der Liria- Palast enthält einige schöne Wandteppiche, seltsame antike Möbel und wertvolle Rüstungsteile . Im Besitz der Familie befindet sich auch eine Gemäldesammlung, die viele Porträts berühmter Vorfahren enthält. Der Garten des Palastes ist äußerst schön und abgelegen.

Die alte valencianische Familie Cervello besitzt den Palast in der Calle de Santa Isabel. Das Gebäude steht in einem Garten und wurde vor einigen Jahren restauriert. In diesem prächtigen Palast finden sehr modische Empfänge, Kostümbälle und Theateraufführungen statt.

Die Herzogin von Dénia ließ das Herrenhaus an der Plaza de Colón errichten. In diesem Palast gibt es eine prächtige Renaissance-Treppe, eine von Arturo Mélida errichtete Kapelle im späteren maurischen Architekturstil und einen schönen Empfangssaal.

Der Portugalete-Palast in der Calle de Alcalá gehört der Familie Castaño . Es ist eines der künstlerischsten Häuser in Madrid. Auf der Plaza de Castelar befindet sich das Wohnhaus des Marquis von Linares, das innen wunderschön dekoriert ist und hübsche geschnitzte Möbel enthält.

Der Larios-Palast ist ein weiteres imposantes Gebäude in La Castellana . Es enthält einen *Innenhof* , der dem Löwenhof im Alhambra-Palast nachempfunden ist.

Calderon baute das Herrenhaus in den Recoletos , das heute im Besitz der dort residierenden Marchioness de Manzanedo ist . Die Infantin Isabel hat ein prächtiges Haus im Barrio de Argüelles. Der Marquis de Cerralbo , der Herzog von Valencia und der Graf von Peñalver residieren in eleganten Häusern der Stadt. Der verstorbene Conde de Valencia de Don Juan, der Direktor der königlichen Waffenkammer war , war ein bekannter Sammler von Bildern, Kunstgegenständen und Antiquitäten.

Weitere interessante Paläste sind die des Herzogs von Nájera in der Calle de Alcalá , die alte Residenz der Gräfin de Pinohermoso , in der Calle de Don Pedro das Haus des Grafen von Agreda und das der Marquise de Casa López. in der Nähe der Puerta de Alcalá . Die Residenz der Marchioness de Squilache ist der Treffpunkt bedeutender Persönlichkeiten aus Politik, Literatur und Kunst. Künstlerische Zusammenkünfte finden im Salon der Marchioness de Bolaños und im Salon von Don Enrique Peñalver statt .

IV

KUNST IN MADRID

IM fünfzehnten und sechzehnten Jahrhundert, während einer friedlichen Zeit nach dem langen Konflikt mit den Mauren, entstanden in Kastilien eine Reihe von Malern. Juan II., König von Kastilien, war ein Liebhaber der Künste und der Literatur. Wir lesen, dass dieser König einen Maler der flämischen Schule namens Maestro Rogel beschäftigte , der angeblich ein Schüler von Van Eyck war. Ungefähr zu dieser Zeit begann die flämische Kunst die Arbeit der spanischen Künstler zu beeinflussen, während der italienische Stil besonders von den Malern der kastilischen Schule verfolgt wurde.

Antonio Rincon wird als Begründer der kastilischen Malschule bezeichnet, und es wird berichtet, dass dieser Künstler vor seiner Ernennung zum Hofmaler von Ferdinand und Isabella in Italien studierte. Rincons Porträts seiner königlichen Gönner befanden sich einst in der Kirche San Juan de los Reys in Toledo, wurden jedoch während der Kriege mit Frankreich zerstört. In der Königlichen Galerie von Madrid werden mutmaßliche Kopien dieser Porträts aufbewahrt, die große Kraft und Individualität zeigen. Aber viele der Werke von Antonio Rincon im manierierten italienischen Stil sind von mittelmäßigem Wert.

Ein mächtigerer Maler Kastiliens war Juan de Borgoña , der mit Rincon an den Jaspisstufen des wunderschönen gotischen Retablo in der Kathedrale von Toledo arbeitete . Einige von Borgoñas Fresken sind verloren gegangen; aber in der Prado-Galerie in Madrid gibt es mehrere Bilder, die einem unbekannten Künstler zugeschrieben werden und wahrscheinlich das Werk dieses Malers sind.

Pedro Berruguete , Vater des Malers und Bildhauers Alonso Berruguete , wurde von Lord Leighton mit Carpaccio verglichen. Über Pedro Berruguete ist sehr wenig bekannt . In der Königlichen Galerie von Madrid gibt es einige diesem Künstler zugeschriebene Gemälde, die Szenen aus dem Leben von Thomas von Aquin, San Pedro und Domingo de Guzmán darstellen, leuchtend in der Farbe und mit kräftiger Hand gemalt.

Felix Castello, 1602 in Madrid geboren, war ein Maler von mittlerem Können. Zwei seiner Gemälde sind in der Prado-Galerie zu sehen, eines zeigt „Eine Schlacht zwischen Spaniern und Holländern" und das andere „Die Landung von General Fadrique de Toledo".

Das titanische Genie von Velazquez strahlte nicht nur über alle seine Vorgänger der Schule von Kastilien, sondern auch über die Schar spanischer

Maler. Velazquez wurde 1599 geboren und lebte bis 1660. Er stammte aus Sevilla, wo er Kunst bei Francisco de Herrera und Pacheco studierte. Im Jahr 1623 gelangte sein Ruhm durch den Herzog von Olivares an den König, und Velazquez wurde zum königlichen Maler in Madrid ernannt und wohnte im Fürstenquartier des Palastes. Hier schuf er seine größten Werke, die oft vom König beobachtet wurden, während er malte, der die Gesellschaft der Künstler genoss.

Neben seinen Gemächern im königlichen Palast besaß Velazquez später ein Privathaus in der Calle de Concepcion Geronima . Velazquez befand sich nun auf dem Höhepunkt seines Ruhmes, war der Anführer eines Künstlerkreises, der anerkannte Meister einer begeisterten Anhängerschaft, der Liebling des Königshauses und der Freund der *Großen* . „Eine Vorliebe für die Künste, eine intelligente Wahrnehmung und Auseinandersetzung mit Kunstthemen waren in Madrid schon damals zur Tradition geworden", schreibt Professor Carl Justi in „Diego Velazquez und seine Zeit".

Das erste Gemälde von Velazquez, das die Madrider sahen, wurde an der Tür der Kirche San Felipe in der Calle Mayor ausgestellt. Sein Fortschritt war von dieser Stunde an siegreich, obwohl er auf den Neid der italienischen Maler stoßen musste, die damals bei Philipp beschäftigt waren. Carducci spricht vom „abscheulichen Naturalismus" des neuen Hofmalers.

1628 traf Velazquez Rubens in Madrid. Im nächsten Jahr reiste er nach Italien, und nach seiner Rückkehr nach Spanien arbeitete er mit außerordentlichem Fleiß an königlichen Porträts und historischen Szenen für die Königspaläste.

Im Jahr 1636 wurde Diego Velazquez zum Garderobenassistenten des Königs und Minister der Schönen Künste ernannt. Die größte Ehre wurde dem Maler jedoch 1659 zuteil, als er das Santiago-Kreuz, den höchsten Orden Spaniens, erhielt. Zwei Jahre später starb Velazquez in Madrid an einem Fieber, das er sich durch Überanstrengung bei der Durchführung einer Expedition im Norden Spaniens zugezogen hatte, als Philipp den König von Frankreich traf.

Die Meisterwerke von Velazquez werden in einem schönen *Saal* im Museo del Prado [1] in Madrid aufbewahrt. „Las Meninas", ein Werk, das von vielen Künstlern und Kunstkritikern als das schönste Gemälde der Welt bezeichnet wird, befindet sich in dieser unschätzbaren Sammlung. Künstler aus allen Ländern betrachten die Prado-Galerie als Mekka. Wilkie kam nach Madrid und verbrachte viele Stunden damit, die Gemälde von Velazquez zu betrachten. John Philips orientierte sich in seinem Stil an Velazquez, und Manet, Furse, Sargent, Whistler und Sir Frederick Leighton gehören zu den Pilgern zum Prado. Es war wahrscheinlich das Gemälde „Las Meninas", das Velazquez den Santiago-Orden einbrachte.

[1] Eine vollständige Beschreibung der Bilder in diesem Museum finden Sie in „The Prado", einem Bildband dieser Reihe.

„Die Schmiede des Vulkan", ein realistisch behandeltes mythologisches Thema, gehört im Prado neben den allgemein geschätzten „Los Barrachos" und „Las Lanzas " zu der großartigen Sammlung von Bildern von Velazquez.

Velazquez hatte eine Vielzahl von Nachfolgern unter den Malern Spaniens, aber er gründete keine Schule, denn er stand allein und unnahbar da. Die Werke seiner Überlebenden können in der Prado-Galerie studiert werden. Einer dieser Nachfolger war Juan Bautista Martinez del Mazo , der Schwiegersohn von Velazquez, und ein anderer, Juan de Pareja, sein Sklave. Parejas Talent wurde vom König entdeckt, der sagte: „Ein Maler wie Sie sollte kein Sklave bleiben", und dem maurischen Leibeigenen von Velazquez wurde die Freiheit gegeben.

Im Werk von Pareja kommt der Einfluss seines großen Meisters auf natürliche Weise zum Ausdruck, wie auf dem Bild in der Prado-Sammlung „Die Berufung des Apostels Matthäus" zu sehen ist. Es ist sicher, dass viele Gemälde, die Velazquez zugeschrieben werden, das Werk seines Schwiegersohns Juan del Mazo sind , der ein eifriger Kopist der Kunst des Meisters war.

Juan Rizi , manchmal auch der kastilische Zurbaran genannt, wird durch ein Bild in der Madrider Galerie repräsentiert – „ Der heilige Franziskus empfängt die Stigmata oder fünf Wunden Christi", ein Werk von sehr großem Wert.

Antonio Pereda arbeitete in Madrid unter Pedro de las Cuevas und wurde Hofmaler. Zwei von Peredas Bildern befinden sich in der Royal Gallery und zeigen zwar eine schöne Farbigkeit , besitzen aber dennoch keine überzeugende Kraft.

Der nächste Künstler in chronologischer Reihenfolge, der mit Madrid in Verbindung gebracht wurde, war Carreño de Miranda, ein weiterer Schüler von Pedro de las Cuevas und Pintor de Cámara am Hof. Sein Talent kommt am deutlichsten in seinen Porträts Karls II. zum Ausdruck; und seine Nachahmungen von Velazquez sind, obwohl sie im Vergleich zu den kraftvollen Werken seines Vorbilds schwach sind, von einzigartigem Interesse und Verdienst.

Claudio Coello stammte aus Madrid und war der Sohn eines portugiesischen Bildhauers. Viele seiner Gemälde sind im Escorial zu sehen, wo er sieben Jahre lang an der berühmten „Santa Forma" in der Sacristia arbeitete . Es heißt, Coello sei mit gebrochenem Herzen gestorben, weil er von Luca Giordano, dem einfachen italienischen Maler, abgelöst wurde.

Mit dem Aufkommen Giordanos begann der wesentliche Realismus der spanischen Malerei zu schwinden. „In Madrid war die Nachahmung der Todesstoß für die Realität", schreibt C. Gasquoine Hartley in ihrem „Record of Spanish Painting". In dieser Zeit des Niedergangs entstanden in Kastilien viele kleinere Künstler. Sie waren Anhänger Giordanos und anderer Italiener und größtenteils ohne Originalität. Der Einfluss von Mengs stellte eine weitere Bedrohung für die Entwicklung einer rein nationalen Malschule in Spanien dar, und die unbedeutenden Werke von Bayeu , Maella , Barnuevo und anderen zeigen den Niedergang der kastilischen Kunst.

Eine Wiederbelebung kam mit Francisco Goya, einem glühenden Genie, das aus dem Volk hervorging und als Student nach Madrid kam. Goya studierte die Meisterwerke in den Madrider Galerien, besuchte Italien und kehrte im Alter von etwa dreißig Jahren in die kastilische Hauptstadt zurück. Bis zu diesem Zeitpunkt hatte Goya nur wenige Bilder gemalt. Jetzt begann er seine revolutionäre Karriere als Künstler und erlangte Ruhm, der sich seit seinem Tod in der gesamten Kulturwelt verbreitete. Er wurde bald in Madrid populär. Sein Wagemut und seine scharfsinnige Satire zogen den König, den Klerus und die Gesellschaft der Stadt eher an, als dass sie ihn abstießen. Er malte das Leben seiner Zeit mit einem lebendigen, schonungslosen Pinsel; Er nahm sich selbst bei heiligen Institutionen Freiheiten und verspottete alte und kraftlose Traditionen.

Unter Karl IV. wurde Goya zum königlichen Maler ernannt. Er war ein Favorit von Königin Maria Luisa, der Herzogin von Alba und der Gräfin Benavente , und er genoss das Vertrauen des Königs. Und doch war Goya in seinen Ansichten und in seiner Kunst ein Rebell, und seine königlichen Porträts zeichnen sich durch eine brutale Offenheit aus. In seinen Wandteppichentwürfen, seinen Szenen aus dem Leben in Madrid, seinen Stierkampfereignissen, seinen Porträts und seinen „ Caprichos " zeigt er die Vielseitigkeit eines bemerkenswerten Geistes. Goya arbeitete schnell und seine Leistung war enorm.

Das berühmte „Dos de Mayo", ein schrecklich realistisches Kriegsbild, kann zusammen mit „Eine Episode der französischen Invasion" in der Königlichen Galerie in Madrid studiert werden. In der Prado-Sammlung befinden sich mehrere königliche Porträts Goyas – „ Die Familie Karls IV." mit ihrem wenig schmeichelhaften Realismus; „Karl IV. zu Fuß"; „Königin Maria Luisa"; „Der Infant Don Carlos, Sohn von Carlos IV."; und andere von großem Interesse. Weitere Werke Goyas können in der Akademie der Schönen Künste in Madrid besichtigt werden. Dazu gehören ein Porträt des Malers selbst, eine Stierkampfszene, eine Episode der Inquisition, eine Prozession und andere charakteristische Bilder.

Als Joseph Bonaparte in Madrid regierte, leistete Goya den Treueeid und malte das Porträt des Usurpators. Im Jahr 1814 wurde der Maler ein Höfling von Ferdinand und wurde für seine Untreue mit der Begründung begnadigt, er sei „ein großer Künstler". Einige Jahre später starb seine Frau Josefa, und Goya, der taub war und viele seiner Freunde verloren hatte, scheint das Leben am Hof in Madrid satt zu haben und sich nach Abwechslung und Reisen zu sehnen.

1822 erhielt er die königliche Erlaubnis, Frankreich zu besuchen. Er ging zunächst nach Paris, wo er von jungen französischen Malern gefeiert wurde, und hielt sich anschließend in Bordeaux auf, wo er fast fünf Jahre blieb, bevor er nach Spanien zurückkehrte. Im Jahr 1828 starb sein unruhiger Geist.

Die vielleicht schönsten Porträts Goyas sind die des Königs und der Königin zu Pferd. Es war Gautier, der über Goya bemerkte, dass er manchmal „mit der Zartheit dieses köstlichen Gainsborough malt, manchmal hat er die solide Handschrift von Rembrandt." Goya war einer der ersten Modernen, ein Künstler, der mit der beengenden Tradition brach und sich innerhalb weniger Jahre den Weg zu herausragender Bedeutung und sogar zu Popularität erkämpfte.

Fortuny klafft eine lange Lücke in der Kunstgeschichte Spaniens . Mariano Fortuny stammte nicht aus Madrid, kam aber 1866 in die Stadt. Zwei seiner Bilder befinden sich im Museum für Moderne Kunst in Madrid. Eines ist eine Skizze für die „Schlacht von Tetuan " und die andere „Die Regentin der Königin mit Doña Isabel, die die spanischen Truppen ermahnt, den Karlisten standzuhalten." Zwischen Goya und Fortuny gibt es in der historischen Künstlerfolge keine Verbindungen, es sei denn, wir betrachten Rosales und Galofré in der Tendenz ihrer Kunst als national. Im Museum für Moderne Kunst in Madrid befinden sich zwei Bilder von Rosales.

Das Nationalmuseum für Malerei und Skulptur, auch Museo del Prado genannt, wurde unter Karl III. gegründet und von Villanueva geplant. Die Arbeiten wurden durch den Krieg mit Frankreich unterbrochen und unter Ferdinand VII. abgeschlossen. Aus architektonischer Sicht ist das Äußere des Museums ansehnlich und massiv. Sein Hauptfehler ist die schlechte Qualität des Lichts im Inneren. Sein Ruhm ist der riesige Schatz an Meisterwerken aller Schulen Europas.

Die Werke der frühen spanischen Maler können hier in der Long Gallery studiert werden, beginnend mit Gallegos, dessen Bilder als Werke eines unbekannten Meisters katalogisiert sind. Pedro Berruguete zeigt das erste Beispiel des italienischen Einflusses. In den Gemälden von Luis de Morales spüren wir den natürlichen spanischen Stil nach und erkennen jenen Hauch von dramatischer Düsternis und religiösem Gefühl, der die wahren Maler Spaniens auszeichnet . Juan de Juanes , in seiner Zeit hochgeschätzt, offenbart eine italienisierte Kunst. In den Werken von Navarrete ist der Einfluss von Tizian sichtbar, der mit ihm im Escorial-Palast zusammenarbeitete.

El Greco, der in Venedig unterrichtet wurde, steht allein da. Das Bild „Jesus tot in den Armen Gottes des Vaters" ist ein repräsentatives Werk dieses seltsamen Genies, dessen Kunst trotz seiner kretischen Herkunft spanisch war. El Grecos Kunst kommt auch in „Die Taufe Christi" in ihrer ganzen Kraft zum Ausdruck. Viele der Gemälde dieses Malers befinden sich in Toledo, zwei befinden sich im Escorial, eines in der Kathedrale von Sevilla, und sein von ihm selbst gemaltes Porträt befindet sich im Museo Provincial in Sevilla. Die Prado-Galerie enthält neun Werke von El Greco.

Ribera ist ein Künstler, dessen Werk technisch einzigartig modern ist, obwohl er von 1588 bis 1656 lebte.

Die Sammlung im Prado enthält eine große Anzahl von Gemälden von Ribera, dem Vorgänger von Velazquez und Murillo, dessen männlicher Einfluss sich in den Produktionen vieler spanischer Schulen der späteren Zeit manifestiert.

Murillo ist im Prado mit etwa zwei Dutzend Gemälden und in der Royal Academy of Fine Arts mit mehreren Gemälden vertreten. Der Prado enthält die „Heilige Familie", „Die reuige Magdalena", „Die Anbetung der Hirten" und mehrere andere bekannte Gemälde.

Auf die in der Prado-Sammlung zu sehenden Bilder von Velazquez und Goya haben wir bereits hingewiesen. Es bleibt nun übrig, einige der großen Werke der italienischen und nördlichen Schule kurz aufzuzählen. Unter den italienischen Primitiven finden wir Beispiele der Kunst von Fra Angelico und Mantegna, und von der späteren Schule gibt es Bilder von Raffael, Andrea del Sarto und Correggio. Beispiele für die Venezianer sind Giorgione, Tizian, Tintoretto, Veronese und Tiepolo. Es gibt fast fünfzig Bilder aus dem Pinsel Tizians. Zu seinen früheren Werken zählen „Fruchtbarkeit" und „Garten der Liebe". Hier sind auch die Porträts von „Karl V." zu sehen. und „Philipp II.", das Gemälde der „St. Margarethe" und die berühmte „Grablegung".

Zu den weiteren italienischen und venezianischen Bildern zählen Raffaels „Heilige Familie und das Lamm", Andrea del Sartos „Madonna und Johannes" und zwei frühe Werke von Correggio.

In der Gemäldesammlung der Nordschule gibt es Beispiele von Van Eyck und Rogier van der Weyden, und obwohl es sich bei einigen davon um Kopien handelt, gibt es ein authentisches Bild von Van der Weyden. In diesem Teil der Galerie befindet sich das Triptychon von Memlinc sowie Holbeins „Porträt eines Mannes". Rubens, „der dritte Ruhm des Prado", ist durch etwa sechzig Gemälde gut vertreten. Es gibt auch Gemälde von Jordaens und Van Dyck.

Das Werk von Antonio Moro sollte sorgfältig beachtet werden, da die Kunst dieses Malers, der der Meister von Coello war , den Grundstein für die spanische Schule der Porträtmalerei legte.

Im Museo de Arte Moderna gibt es viele Bilder zeitgenössischer Künstler und mehrere Statuengruppen. Unter den Gemälden befinden sich Werke von Madrazo , Lopez, Pradilla , Casado und Villegas.

Die 1752 erbaute Real Academia de Bellas Artes verfügt über eine Gemäldegalerie mit einigen Werken von Murillo, Ribera, Zurbaran, Alonso Cano und Rubens. Einige interessante Goya-Skizzen, die früher in dieser Sammlung enthalten waren, wurden jetzt in den Prado gebracht.

V

LITERATUR UND DAS DRAMA

MADRID ist das Zentrum des intellektuellen Lebens Spaniens. Es enthält eine Reihe von Akademien, Hochschulen, Schulen und Bibliotheken. Die Royal Academy wurde erst 1713 gegründet; Aber wie Bourgoanne 1789 betonte, „gibt es in Spanien zweifellos gelehrtere Männer, die die Wissenschaften bescheiden pflegen; mehr gebildete Männer, die mit der Geschichte und Rechtsprechung ihres Landes gründlich vertraut sind; Es gibt mehr angesehene Literaten und eine größere Zahl von Dichtern, die über Energie und eine fruchtbare und brillante Vorstellungskraft verfügen, als allgemein angenommen wird."

Wissenschaft und Literatur litten nach der Zeit von Quevedo, Cervantes, Calderon und Garcilaso , und bis zum 18. Jahrhundert kam es zu einem raschen Rückgang der Gelehrsamkeit. Unter Karl III. das kultivierte Leben Madrids wurde wiederbelebt. Charles war gegen die klerikalen Beschränkungen des Wissens, und das Verbot der Wissenschaft war nicht Teil seiner Politik. Er widerstand den reaktionären Kräften des Landes, und da er selbst ein Mann mit gelehrtem Geschmack war, erweckte er den sterbenden Respekt vor der Kultur wieder zum Leben. Um die Produktion von Büchern zu fördern, ließ Karl III. befreite alle Drucker vom Militärdienst. Er erneuerte die Universitäten, baute neue Schulen, behandelte Lehrer und Professoren mit Fairness und Respekt und erklärte, dass Bildung die wichtigste aller sozialen Angelegenheiten sei.

Diese Wiederbelebung des Lernens und der Literatur war leider nur vorübergehend, denn unter Karl IV. Eine freie Diskussion war in Spanien fast unmöglich; Autoren wurden geknebelt und die Inquisition wurde wiederbelebt. Das Studium der Moralphilosophie war an den Universitäten des Landes verboten, da Charles erklärte, dass er mit Philosophen nichts anfangen könne.

Die erste große öffentliche Bibliothek in Madrid war die von den Jesuiten gegründete San Isidro, die etwa 60.000 Bände umfasste. Die Nationalbibliothek wurde 1712 erbaut, die Bücher wurden jedoch etwa dreißig Jahre später in ein anderes Gebäude verlegt. In der Calle del León gibt es eine Bibliothek der Königlichen Akademie für Geschichte, die mehrere tausend Bücher und eine Reihe wertvoller antiker Manuskripte enthält. Die Universität verfügt über eine eigene Büchersammlung. Diese Einrichtung wurde 1508 in Alcalá gegründet und 1836 nach Madrid verlegt. Es gibt etwa 8000 Studenten.

Der alte Hof von Kastilien hatte seit der Zeit von Juan II. viele Dichter und Satiriker. Im 13. Jahrhundert wurde Kastilisch zur Höflichkeitssprache der Nation, und die ersten Balladen wurden in dieser Sprache verfasst. Diese Balladen bilden die Grundlage für einen Großteil der Geschichte Spaniens und waren die erste Form der Literatur in der Stadt Madrid. Unter Alfonso

Francisco de Quevedo Villegas, der große satirische Dichter und Prosaautor, wurde 1580 in Madrid geboren. Seine Eltern waren patrizischer Abstammung und seine Mutter stammte aus dem königlichen Haushalt . Quevedo wurde an das College von Alcalá de Henares geschickt, wo er in mehreren Fächern unterrichtet wurde, darunter Jura und Medizin. Ein Streit mit einem Hidalgo, den er bei einem Zweikampf schwer verletzte, führte zur Flucht des jungen Studenten nach Italien. Nach seiner Rückkehr in sein Heimatland wurde Quevedo verhaftet und etwa drei Jahre lang im Gefängnis festgehalten. Später wurde er wegen einer Satire auf den Grafen, Herzog von Olivares, erneut inhaftiert.

Quevedo war ein umfangreicher Schriftsteller. Seine Werke wurden in der „ Biblioteca de Autores " gesammelt Españoles " in drei großen Gedicht- und Prosabänden, während viele seiner Kompositionen unveröffentlicht blieben. Die „Visionen" sind vielleicht sein beliebtestes Werk. Sie wurden 1668 ins Englische übersetzt und in London veröffentlicht und hatten einen solchen Erfolg, dass der Band 1715 eine elfte Auflage erreichte. Seitdem wurden in diesem Land weitere Ausgaben herausgegeben.

Calderon wohnte in der Calle Mayor Nr. 75, die früher Calle de Almudena hieß , und in derselben Straße wurde Lope de Vega geboren, der produktivste spanische Dramatiker. Auf der Plaza de Santa Ana, in der Nähe des Teatro Español , steht ein Denkmal für Calderon, das 1879 errichtet wurde. Es ist das Werk von Figuéras , und eine berühmte Persönlichkeit steht dem Dramatiker zur Seite; Der Sockel der Statue weist Reliefs aus Szenen aus den Theaterstücken auf.

Calderon war von adligem Blut und fand in Madrid einflussreiche Schirmherrschaft. Wir lesen, dass Philipp IV. verlieh ihm den Orden von Santiago und ernannte ihn zum Direktor des Theaters und der öffentlichen Unterhaltungen. Pedro Calderon trat im Alter von zweiundfünfzig Jahren in die Kirche ein. Er starb im Jahr 1681.

In der Calle de Cervantes Nummer fünfzehn befindet sich eine Gedenktafel für Lope de Vega mit der Inschrift, die der Schriftsteller an seinem Haus angebracht hat: „Ein kleiner Besitz ist groß; ein großer Besitz eines anderen ist klein."

Lope de Vega wurde 1562 in Madrid geboren. Eine Zeit lang war er Sekretär des Herzogs von Alba, doch nachdem er im Duell einen Gegner verwundet hatte, floh er aus der Stadt. Seine Produktionskraft war wunderbar , und es heißt, er habe in vierundzwanzig Stunden ein Theaterstück mit drei Akten in Versform geschrieben. Er starb 1631.

Cervantes war eng mit Madrid verbunden, obwohl Alcalá de Henares als sein Geburtsort angegeben wird. Der größte Schriftsteller Spaniens kam in seiner Jugend in die Hauptstadt, um einen der gelehrten Berufe zu erlernen, und lebte hier unter der Anleitung von Juan Lopez de Hoyos .

Aquaviva als Kammerherr gedient hatte , schloss sich Cervantes im Alter von vierundzwanzig Jahren der Expedition gegen die Türkei an und verbrachte mehrere Jahre ein abenteuerliches Leben zu Wasser und zu Land. Als er nach Madrid zurückkehrte, lebte er bei Verwandten und begann, sich ernsthaft dem Studium und der Förderung seiner literarischen Begabung zu widmen. In Madrid schrieb er eine Reihe von Komödien und Romanen, verließ die Stadt jedoch und ging nach Sevilla, wo er eine lukrativere Anstellung als Regierungsbeamter erhielt. Der erste Teil des Meisterwerks „Don Quijote" wurde 1605 in Madrid veröffentlicht.

Cervantes starb 1616 an Wassersucht und sein Leichnam wurde in Madrid beigesetzt. Auf der Plaza de las Cortes befindet sich ein Denkmal aus Bronze für den größten Liebesromanautor Spaniens. Es wurde von Antonio Sola entworfen und 1835 errichtet. Auf dem Sockel des Denkmals befinden sich Reliefs mit Episoden aus „Don Quijote".

Die Kirche San Francisco el Grande, das Nationalpantheon, wurde 1784 an der Stelle eines Klosters erbaut; Als Mausoleum wurde es jedoch erst 1869 errichtet. Es wurde mit großem Aufwand und mit viel Geschmack dekoriert und ist kein unwürdiger Aufbewahrungsort für die Asche berühmter Verstorbener. Hier sollen die Überreste von Guzman, Cervantes, Lope de Vega und Velazquez ruhen, die Gräber wurden jedoch nicht identifiziert. Im Jahr 1869 wurden hier die Aschen von Morales, Juan Mena, Quevedo, Calderon, dem Großen Kapitän und anderen berühmten Spaniern beigesetzt, doch seitdem wurden sie alle an ihren ursprünglichen Ruhestätten wiederhergestellt.

Die italienische Oper wurde von Karl III. in Spanien eingeführt. Das Land hat keine besonders bedeutenden Opernkomponisten hervorgebracht, obwohl die Oper eine beliebte Unterhaltung ist. In diesem Drama ragte Spanien zu einer Zeit über alle anderen Länder hinaus. Die Theaterstücke der Nation waren in der Blütezeit außerordentlich zahlreich und reichten von heiligen Darstellungen über Wunderdramen bis hin zu Posse. Viele der Themen waren historisch; doch mit dem Verfall des Geschmacks verlor das Drama seine griechische Einfachheit und wurde zum Vehikel komplizierter Intrigen und künstlicher Handlung. Als Dramatiker bemühte sich Cervantes, dieser Geschmacksverfälschung Einhalt zu gebieten, aber der Druck der

Armut zwang ihn, den Konventionen der Zeit zu folgen und auf Augenhöhe mit der Intelligenz seines Publikums zu schreiben.

Lope de Vega schrieb etwa achtzehnhundert Theaterstücke. Viele seiner Arbeiten sind überstürzt, extravagant und bombastisch. Calderon schrieb mit mehr Direktheit und Einfachheit im Stil und legte viel mehr Wert auf seine Kompositionen. Augustin Moreto schuf 36 Theaterstücke, die aus literarischer Sicht einen hohen Stellenwert haben. De Castro, de Roscas und de Solis sind drei der angesehensten Komödienautoren einer späteren Zeit, deren Stücke in Madrid aufgeführt wurden.

Galdos , Autor mehrerer Romane und Theaterstücke, wohnt in Madrid, am Paseo de Areneros . Doña Emilia Pardo de Bazan, die einflussreichste Schriftstellerin Spaniens, sagt: „Das Leben der Dramatikerin in Madrid ist aktiver, aufgeregter und anstrengender als andere Zweige der literarischen Karriere, die aus Mangel an Anreizen dahinsiechen und schlafen." ." Die meisten Dramatiker des Landes leben in Madrid oder verbringen dort einen Teil des Jahres. Unter ihnen sind José Echegaray, heute der führende Dramatiker, Guimerá , Eugenio Sellés , Dicenta , Vital Aza, Abati Ricardo de la Vega, Garcia und Paso.

In Madrid lebende Dichter sind Emilio Ferrari, Grilo , Manuel del Palacio, der Marquis de Cerralbo , der Herzog von Rivas, Eduardo Benot und Melchor de Palau. Es gibt auch mehrere Autoren humorvoller Verse, wie López Silva, Pérez de Zúñiga und Luis de Tapia.

Der große Schriftsteller Armando Palacio Valdés, der in seinem Roman „Froth" ein wahres Bild der Sitten Madrids vermittelt, lebt gelegentlich in der Stadt. Hier residiert auch Pater Luis Coloma, Blasco Ibañez , Baroja , José Ortega Munilla , Antonio de Hoyos und mehrere andere Romanautoren. Doña Emilia Pardo de Bazan lebt in Madrid.

Zu den gefeierten Journalisten zählen Cavia, Kasabal , Azorin , Claudio Frollo, Luis Morote , Troyano und „ Zeda " (Sr. Fernandez Villegas).

Die Madrileños schätzen das Drama – in kleinen Dosen – und unterstützen vierzehn Theater, von denen das Teatro Real, das dem Staat gehört, das Español , das der Gemeinde gehört, das Princesa , das Comedia , das Lara, das Apolo und das Zarzuela die am häufigsten besuchten sind. Wie anderswo in Spanien besteht jede Aufführung aus drei oder mehr kurzen Stücken oder Skizzen – Zarzuelas und Saynetes –, die sich fast immer mit Aspekten des Volkslebens befassen. Für Ausländer ist dieses beharrliche Herumspielen auf die Liebesbeziehungen des Polizisten und des Blumenmädchens und die Wechselfälle in der Karriere eines Vorsitzenden ein wenig überraschend. Das legitime Drama wurde in Spanien fast von der Bildfläche verbannt, trotz der Bemühungen von Señora Guerrero – der Spanierin Bernhardt –, es vor einigen Jahren wiederzubeleben. Der Ehemann dieser Dame ist der Marquis de Mendoza, der denselben Beruf ausübt, für dessen Ausübung er die besondere Genehmigung des Staatsrates benötigte. Trotz des Verlusts von Vico , Calvo und dem allseits beliebten Emilio Mario mangelt es Spanien nicht an guten Schauspielern und Schauspielerinnen . Maria Tubau ist eine fähige Interpretin von Ibsen und Sudermann (wenn sich die Gelegenheit bietet), und die Namen Thuillier , Pinelo und Carmen Cobeña verdienen Erwähnung. Der Naturalismus hat sich im spanischen Theater keineswegs durchgesetzt, und die Aufführungen werden, wie die alten Theaterzettel zu sagen pflegten, immer noch überwiegend von Damen und Kindern besucht. Alle rauchen während der Aufführungen und reden hektisch während der Zwischenaufführungen. Die Theater sind komfortabel und gut gepolstert. Englischen Besuchern wird das Fehlen von Programmen auffallen , die oft durch ein Blatt wie „ *Blanco y Negro* " *ersetzt werden* .

Emilia Pardo de Bazan beklagt den Verfall der literarischen Zirkel und Salons, für die die Stadt einst berühmt war; „von literarischen Zusammenkünften in Privathäusern oder in prächtigen Palästen könnten wir sagen, dass es keine gibt." Kreise gäbe es zwar, fügt sie hinzu, aber nur wenige hätten einen größeren Umfang als ein Teetisch. Dennoch suchen junge Schriftsteller immer noch nach Madrid und bringen Theaterstücke oder Romane mit, die in den meisten Fällen nie der Öffentlichkeit zugänglich gemacht werden. „Es gibt in Madrid", fährt die Autorin fort, „mehr Produzenten als verhältnismäßig Konsumenten, und das Proletariat der Feder leidet unter den bitteren Folgen dieser schmerzhaften Lage."

Die erste in der Stadt gedruckte Zeitung war die „ Gaceta de Madrid", die 1661 gegründet wurde. Sie erschien zunächst jährlich als Nachrichtenblatt, 1667 erschien die Zeitschrift jedoch jeden Samstag. Der Titel der Zeitung wurde häufig geändert, und einst war sie das offizielle Organ des Hofes und wurde auf Rechnung „des Königs, unseres Herrn" verkauft. Später erschien die „ Gaceta " zweimal pro Woche und ab 1808 erschien sie täglich. Mit ein oder zwei Unterbrechungen wird die „ Gaceta " seit 1661 in Madrid gedruckt.

Der Pionier des modernen Journalismus war Don Francisco Mariano Nifo , der 1758 das „ Diario " ins Leben rief. Nifo verkaufte die Zeitschrift 1759 und der Titel wurde in „ Diario" geändert noticioso Universal" und später mit dem heutigen Titel „ Diarioofficial de Avisos de Madrid". 1825 wurde das „ Diario " durch königlichen Erlass zur offiziellen Zeitung.

Die Gründung des politischen Journalismus geht auf das Jahr 1806 zurück; Damals wurden der „ Imparcial " und viele andere Zeitschriften mit kurzer Geschichte gegründet. Das vorliegende „El Imparcial " stammt aus dem Jahr 1867, und etwa zur gleichen Zeit begann die Herausgabe von „La Correspondencia " und „El Dia ". „La Epoca " wurde 1848 geboren.

Die solideren Rezensionen, die in Madrid veröffentlicht werden, sind „ Lectura " und „Ateneo". „ España Moderna", „ Nuestro „ Tiempo ", „ Cultura " und „Blanco y Negro", eine gut illustrierte Zeitschrift, werden in Madrid produziert. Die Stadt hat sicherlich eine sehr große Anzahl von Zeitschriften hervorgebracht, denn von 1865 bis 1878 wurden nicht weniger als 1130 Zeitschriften herausgegeben.

Studierende der Literaturgeschichte Spaniens finden in der Nationalbibliothek viele interessante Bezüge zur Vergangenheit. Hier finden Sie zahlreiche Ausgaben von „Don Quijote" und eine Sammlung alter Manuskripte, darunter ein wunderschönes westgotisches Werk aus dem zehnten Jahrhundert und die „ Siete" . Partidas " von Alfons dem Weisen. In der Sammlung befinden sich mehrere Autogramme von Lope de Vega und anderen spanischen Autoren.

VI

KIRCHEN UND ÖFFENTLICHE GEBÄUDE

UNTER den monumentalen Überresten Madrids gibt es kaum eine Erinnerung an die maurische Zeit. In der Kirche San Pedro finden wir ein Beispiel der *Mudejar-* Architektur, also das Werk der „versöhnten" Moriscos, die bis zu ihrer endgültigen Vertreibung in Spanien blieben. San Pedro stammt aus dem 14. oder 15. Jahrhundert und ist die älteste Kirche der Stadt. Der Turm ist quadratisch und schlicht, in maurischer Form, mit kleinen Fenstern.

Die gotische Kirche San Jeronimo el Real wurde 1503 erbaut und 1879 restauriert. Während der französischen Invasion wurden die Schätze dieser Kirche geplündert. Hier wird die Zeremonie der Ablegung des Verfassungseides durch den Thronfolger gefeiert, und in dieser Kirche wurde die Trauung des gegenwärtigen Königs von Spanien durchgeführt.

Die Capilla del Obispo verfügt über ein schön geschnitztes Retablo oder Altarbild im Renaissancestil sowie mehrere interessante Statuen und Marmorgräber. Es gibt auch eine wunderschön geschnitzte Tür zur Kapelle.

Antonio Sillero entwarf das Kloster der Descalzas Reales , das von Prinzessin Juana, der Tochter von Karl V., gegründet wurde. Ein Teil des ursprünglichen Gebäudes aus dem Jahr 1559 ist erhalten geblieben. In der Kapelle befindet sich eine Statue der Gründerin von Leoni. Die Vorderseite der heutigen Kirche wurde von Diego Villanueva entworfen.

Die Kirche des Klosters der Menschwerdung stammt aus der Zeit Philipps III., die klassische Fassade repräsentiert den Architekturstil des Escorial-Palastes. Darin sind einige Gemälde von Carducho zu sehen . San Francisco el Grande ist zweifellos die schönste Kirche in Madrid. Das Gebäude ist teilweise dem Plan des Pantheons in Rom nachempfunden; Interessante Sehenswürdigkeiten sind die fein geschnitzten Türen, die Skulpturenfiguren von Benlliure und Bellver sowie einige moderne Freskengemälde.

San Isidro ist nach dem Schutzpatron der Stadt benannt und wurde in den Jahren 1626-51 errichtet. Der Innenraum ist äußerst reich verziert, mit vergoldeten Schnitzereien und Nischen mit Heiligenbildern. In dieser Kirche gibt es einige bemerkenswerte Gemälde, darunter Werke von Rizi , Morales und Palomino sowie ein mutmaßliches Tizian. Das Bild von Morales, „Jesus und der heilige Petrus", gilt als eines der schönsten Beispiele des Könnens dieses Künstlers.

In der Kirche San Andrés gibt es einige schöne Marmorschnitzereien und Bilder von Carreño und Rizi . Hinter dieser Kirche befindet sich die Capilla del Obispo. San Antonio ist bekannt für seine Fresken mit Szenen aus dem Leben seines Schutzpatrons , gemalt von Juan Carreño . Der *Barockstil* ist in der Kirche San Luis (1679) zu sehen – insbesondere im geschnitzten Retablo.

In der Nähe der Puente Verde befindet sich die Ermita de San Antonio de la Florida, deren Kuppel von Goya mit Fresken geschmückt wurde. Der satirische Maler wurde von der Kirche damit beauftragt, diese Kuppel mit passenden Motiven zu bemalen, und in düsterem Scherz wählte er seine Vorbilder für fromme Charaktere unter den *Manolas* , den halbanständigen Frauen Madrids. Die Gemälde sind von außerordentlichem Interesse und repräsentieren gut den Geist des grimmig-scherzhaften Malers.

Das schönste Beispiel barocker Architektur in der Stadt ist die Kirche Santa Barbara, die heute an den Justizpalast angrenzt und früher die Kirche eines zur Zeit Ferdinands VI. gegründeten Klosters war. Das Gebäude hat die Form eines Kreuzes mit Türmen und einer ornamentalen Fassade. Die Kuppel ist mit Fresken geschmückt und das Altarbild aus Marmor ist besonders anmutig. Olivieri schnitzte die Figuren des Heiligen Ferdinand, der Heiligen Barbara und des Glaubens und der Nächstenliebe in das Retablo. Das Grab von Ferdinand VI. von Sabatini befindet sich im Querschiff. Es gibt auch ein Denkmal für General O'Donnell, entworfen von Jeronimo Suñol .

San Ginés sollte wegen des Bildes „Die Geißelung Christi" von Alonso Cano und einer Christusstatue von Vergara gesehen werden.

Vergleich zu anderen Hauptstädten schneidet Madrid in Bezug auf Gebäude ungünstig ab . In den letzten Jahren sind viele neue Gebäude entstanden, aber diese sind eher massiv und prätentiös als imposant.

Die Plaza Mayor – ursprünglich der Marktplatz von Madrid – ist historisch interessant als Schauplatz zahlreicher Autos de Fé und Stierkämpfe, während die Architektur der Casa Panaderia untersucht werden sollte. Das Gebäude enthält Bilder von Coello . In der Mitte des Platzes steht die Statue Philipps III. zu Pferd, in Bronze gegossen, ein Werk von Juan de Bologna und seinem Schüler Tacca.

Ein Denkmal aus der Zeit Philipps IV. ist in den Büros des Staatsministeriums zu sehen, die früher ein Gefängnis waren. Es wurde vom Italiener Bautista Crescenti entworfen , mit Figuren von Herrera. Das Rathaus stammt aus dem 17. Jahrhundert, hat eine schöne Fassade und eine schöne Treppe. Im Oratorium dieses Gebäudes befinden sich Bilder von Palomino.

Vom alten Palast des Buen sind nur noch sehr wenige Überreste übrig Retiro , das in das Artilleriemuseum umgewandelt wurde. Der 1850 fertiggestellte Palacio del Congreso (Unterhaus) ist im korinthischen Stil gehalten. Es gibt eine schöne allegorische Gruppe von Ponzano , der auch die Löwen auf der Vorderseite entworfen hat. Im Inneren befinden sich Fresken mit historischen Szenen.

Der größte Platz in Madrid ist die Plaza de Oriente , die im Auftrag von Joseph Bonaparte erbaut wurde. Auf diesem offenen Platz stehen vierzehn riesige Königsstatuen und ein wunderschöner Brunnen mit Löwen aus Bronze. Die Reiterstatue Philipps IV. ist von Tacca, nach einem Gemälde von Velazquez; Sein Gleichgewicht soll von Galileo bestimmt worden sein.

Das bereits erwähnte Museum für Archäologie beherbergt viele antike Objekte aus prähistorischer Zeit. Es gibt zahlreiche römische Überreste, maurische Relikte, Schätze aus China und Mexiko sowie Kuriositäten aller Art.

In „Castilla La Nueva" bezeichnet Don Jose Quadrado das alte Tor des Monte de Piedad an der Plaza de las Descalzas als interessantes Relikt. Es ist mit einer sehr reich verzierten Glocke gekrönt, und es gibt zwei weibliche Torsi und einige schöne Schnitzereien an der Vorderseite.

Sechs Meilen von Madrid entfernt liegt das königliche Jagdschloss El Pardo. Das Gebäude wurde zur Zeit des Kaisers errichtet und von Karl III. umgebaut. Es steht auf einer Anhöhe in einem schönen Park. Die Wände sind innen mit vielen interessanten Freskengemälden geschmückt – Werke von Velazquez, Bayeu , Ribera und anderen weniger bekannten Künstlern; und es gibt Wandteppiche nach Entwürfen von Goya und Teniers.

Aranjuez, dreißig Meilen von Madrid entfernt, ist eine königliche Residenz von sehr großem historischem Interesse, denn hier lebten Karl V. und Philipp II. verbrachte viele Stunden im Ruhestand. Der Palast enthält Bilder von Mengs, Bayeu , Maella und Lopez. Die Gabinete de China ist aufwendig mit Porzellan verziert und ein wunderbares Beispiel für diesen Ornamentstil, der vom Italiener Gricci in Spanien eingeführt wurde .

Die Gärten von Aranjuez sind überaus schön, einige Teile davon sind formell, andere eher wild . Eine schöne Allee säumt den Fluss und auf dem Gelände gibt es Brunnen und Statuen. Die Gräfin D'Aulnoy schreibt über Aranjuez: „Ich muss zugeben, dass die Gärten zu nah und einige ihrer Gassen zu eng sind, aber dennoch ist es hinreißend, dorthin zu gehen, und als wir sie betraten, kam es mir vor, als wäre ich darin . " ein verzauberter Palast. Der Morgen war kühl, überall machten die Vögel eine süße Melodie und das Wasser gab ein angenehmes Murmeln von sich! die Bäume und Hecken waren mit herrlichen Früchten beladen, und die Parterres waren mit höchst duftenden Blumen bedeckt; und ich habe das alles in angenehmster Gesellschaft genossen."

Die Bäume in der Allee von Aranjuez sind sehr alt, mit riesigen Stämmen und dichtem Laub, was von der Fruchtbarkeit des Bodens zeugt. Im Garten der Primavera gedeihen Blumen und Früchte, denn das Sommerklima in dieser geschützten Region ist fast tropisch, obwohl die umliegenden Hügel kahl und unfruchtbar sind. Im Frühling geistern unzählige Nachtigallen durch die Gärten und Haine.

DIE KÖNIGLICHE WAFFENKAMMER

Wenn der Prado von einer oder zwei anderen Galerien übertroffen wird, kann Madrid eine Waffen- und Rüstungssammlung vorweisen , die von keiner anderen in den Schatten gestellt wird. Allein die kaiserliche Rüstkammer von Wien kann mit diesem prachtvollen Schatzhaus der Triumphe eines vergessenen Handwerks verglichen werden, dessen Entstehung Philipp II. zu verdanken ist. Kaiser Karl, Herr von Deutschland und Italien, konnte die Dienste der größten Waffenschmiede seiner Zeit oder aller Zeiten in Anspruch nehmen. Indem er die Rivalität zwischen den berühmten Colmans von Augsburg und den nicht minder berühmten Negrolis von Mailand anregte, brachte er die Rüstungsschmiedekunst auf den höchsten Entwicklungsstand – und dies auch zu einer Zeit, als neue Taktiken und Artillerie wahrscheinlich auf den Vormarsch zu sein schienen es für immer vom Feld. Die Herrschaft Karls markiert den Höhepunkt des Handwerks. Die Söhne Vulkans zählten zu den am meisten bewunderten Künstlern ihrer Zeit, und die bedeutendsten Vertreter der Schwesterkünste waren stolz darauf, die Werke ihrer Hände zu verschönern und zu betreuen.

Doch um die Bedürfnisse von Nicht-Dilettanten zu befriedigen, wurden die Schmieden von Augsburg und Mailand am Glühen gehalten, und ihre Ambosse hallten unaufhörlich mit klingenden Schlägen wider. Charles war ein mächtiger Kriegsherr. Er benutzte seine Rüstung auf dem Zeltfeld, seine scharfe Klinge wurde im Vormarsch der Armeen hochgeschwenkt; und in Friedenszeiten liebte er es dennoch, sich mit dem Prunk und den Umständen eines glorreichen Krieges zu umgeben. Und als er den Helm für die Mönchskutte beiseite legte, hinterließ er seinem Sohn die beste Kampfausrüstung, mit der sich jemals ein Monarch vor oder nachher gerühmt hatte.

Weniger ein Soldat als sein Vater Philipp II. erkannte schnell den inneren Wert des Erbes. Er ließ eigens für den Empfang ein Haus bauen und legte damit den Grundstein für eine Sammlung, die von Jahr zu Jahr von ihm und seinen Nachfolgern erweitert wurde. Die Herstellung von Verteidigungsrüstungen wurde gegen Ende des 17. Jahrhunderts praktisch eingestellt, und die Kriegsbeute wurde, leider! im Laufe der nächsten hundert

Jahre immer seltener. Beim Aufstand gegen die Franzosen im Jahr 1808 wurde die Waffenkammer von der Bevölkerung in ihrem verzweifelten Hunger nach Waffen gegen den verhassten Eindringling geplündert, und ein oder zwei Jahre später wurde die Sammlung durch die Hand des *Rey intruso erheblich in Mitleidenschaft gezogen* .

In den vierziger Jahren erfolgte im Auftrag von Königin Isabella II. eine völlige Neuordnung. Im Jahr 1849 wurde ein Katalog herausgegeben, der in seiner Art durchaus nützlich war und die darin aufgeführten unschätzbaren Schätze der Welt bekannt machte. Aber es zeigte wenig kritisches oder antiquarisches Geschick und enthielt zahlreiche malerische und grotesk irreführende Zuschreibungen. Verschiedene Stücke wurden als das Schwert von Bernardo del Carpio, das Falchion des Cid, das Gebiss von Don Roderic, der Helm von Boabdil, der Kürass von Garcilaso de la Vega usw. bezeichnet. Zweifellos im Laufe der Zeit die Streitaxt von Amadis de Gallien, das Horn des Roland und Mambrinos Helm hätten Eingang in den Katalog gefunden. Glücklicherweise vertraute König Alfons XII. die Sammlung kurz nach seiner Thronbesteigung einem Antiquar der neuen Schule an, dem verstorbenen Grafen von Valencia de Don Juan. Jahrelange Arbeit und Forschung, die durch einen verheerenden Brand unterbrochen wurden, führten zu einer vollständigen und bewundernswerten Neuorganisation und Klassifizierung sowie zur Veröffentlichung eines Katalogs im Jahr 1898, der dem Ruf des gelehrten Verfassers dauerhaften Glanz verlieh .

Die Sammlung ist keineswegs national. Spanien, ein Land, das seit der Zeit der Römer in ganz Europa für die Vorzüglichkeit seiner Schwertklingen und die kriegerische Einstellung seines Volkes berühmt war, ist in diesem ritterlichen Arsenal kaum vertreten. Der Großteil der Exponate stammte aus italienischen und bayerischen Werkstätten. Historisch gesehen ist die Sammlung weniger wertvoll als unsere ungeordnete Waffenkammer im Tower. Es enthält nur wenige Stücke aus der Zeit vor den letzten Jahren des 15. Jahrhunderts und überhaupt keine aus dem 14. Jahrhundert. Der Student kommt hierher, nicht um die Entwicklung, sondern den höchsten Ausdruck des Waffenschmiedehandwerks zu sehen . Wer Zeit hat, wird sich die Exponate natürlich Stück für Stück in der Reihenfolge ansehen, in der sie in dem bewundernswerten, aber ausgesprochen umfangreichen Katalog beschrieben sind, auf den ich mich bezogen habe. Diejenigen, die die großen Rüstungsschmiede für große Künstler halten – und das waren sie auch –, werden es vorziehen, ihre Werke einzeln zu untersuchen und sich so mit der Technik und dem Stil jedes einzelnen vertraut zu machen.

Koloman Colman, mit Nachnamen „ Helmschmied ", war der Größte der berühmten Augsburger Familie. Von den vielen hervorragenden Anzügen, die er für Charles anfertigte, befinden sich nicht weniger als sieben in der königlichen Waffenkammer . Die früheste davon (Nummer A. 19) ist an dem fett gedruckten Monogramm KD auf dem Pikenschutz der linken Schulter zu erkennen. Die Buchstaben stehen für Karolus Dux, dessen Träger zu dieser Zeit (um 1514) einziger Herzog von Burgund und Erbe der spanischen Kronen war. Der Anzug gehört zum älteren, anmutigeren Stil des fünfzehnten Jahrhunderts, aber die Tendenz zur Übertreibung, die später so ausgeprägt wurde, zeigt sich in der Größe der Schulterschützer oder Schulterstücke und der Schuhe oder Sollerets. Jeder Teil des Körpers ist durch Stahlplatten geschützt, mit Ausnahme des Halses, der Achselhöhlen und des Raums zwischen den Bein- oder Oberschenkelschützern, die mit Kettenhemden verteidigt werden. Der wohlgeformte Helm ist vom Typ eng anliegender Armschutz und besteht aus mehreren Teilen. Der Brustpanzer ist in der Mitte geriffelt und mit dem eingravierten Kragen des Goldenen Vlieses verziert. Die Kämme oder Ellenbogenstücke sind wunderschön gefertigt und über der rechten Achselhöhle befindet sich eines der hübschen runden Stücke, die Rondelle oder Paletten genannt werden. Dies fehlt am linken Arm, wo der riesige Hechtschutz oder Schulterpanzer die gesamte Schulter und die linke Brust bedeckt. Beachten Sie die abnehmbare Lanzenstütze, in die das Wappen des Waffenschmieds und der Doppeladler eingraviert sind. Die Dekoration des Anzugs ist schlicht und geschmackvoll, die Ränder der verschiedenen Stücke sind mit rautenförmigen Reliefs verziert. An sich ist der Anzug leicht und elastisch genug für den Einsatz auf dem Feld, kann aber für Wettkämpfe und Turniere nach Belieben verstärkt und ergänzt werden. Die zusätzlichen Teile sind auf einer separaten montierten Figur dargestellt (A. 26). Die enormen Armschützer sind natürlich auf die linke bzw. exponierte Seite beschränkt. Schwere, unhandliche Stücke wie diese ließen weniger Gelegenheit, das Können des Schmieds zur Schau zu stellen, als Harnisch oder Pferderüstungen . Das ist einzigartig schön und war das Werk (sagt der gelehrte Autor des Katalogs) von Daniel Hopfer , der Colman oft assistierte. Die Teller sind vergoldet und mit Motiven des Goldenen Vlieses, der Rose und des Granatapfels graviert. Hopfer wird auch die merkwürdige konkave Zielscheibe zugeschrieben, die bei Turnieren an die Schulter geschraubt wird (A. 37), die durch Gitter oder durch sich kreuzende Grate geteilt wird, um die Spitze einer feindlichen Lanze zu brechen. Die Räume sind mit viel Geschick eingraviert und zeigen Reiher, die einen Adler angreifen, der einen mit seinen Krallen festhält. Wenn dies, wie es scheint, eine Anspielung auf die Bündnisse ist, die Franz I. nach dem Vertrag von Madrid gegen den Kaiser gefördert hat, zeigt dies, dass der Schild lange nach der Klage angefertigt worden sein muss.

Die Pferderüstungen der Pferdegeschirre (A. 37-38) hingegen scheinen für Kaiser Maximilian angefertigt worden zu sein und wurden von Burgmaier , einem berühmten Kupferstecher seiner Zeit, geätzt. Sie sind äußerst aufwendig verziert. Die Ohrenbedeckungen des einen sind wie Widderhörner geformt; und der Poitrel (oder Brustpanzer) ist mit grotesken

Gesichtern geprägt. Die Crupper-Platten sind mit Kompositionen verziert, die biblische Episoden darstellen – David tötet Goliath und Simson tötet die Philister. Wenn der zweite Anzug dem mächtigen Maximilian gehörte, muss die Stirnplatte später hinzugefügt worden sein, da sie das Motto „Plus Oultre " trägt, das zuerst von Charles übernommen wurde.

Wir befinden uns neben den fünf Pferdegeschirren, die zwischen 1519 und 1539 von der Augsburger Firma für den Kaiser angefertigt wurden. Sie sind gleichermaßen in Richtung ihrer größten Länge mit Zierbändern verziert und weisen kaum Unterschiede im Design auf. Zwei davon zeichnen sich jedoch durch die hässlichen Lamboys oder Bases aus, eine zu dieser Zeit eingeführte Rüstungsform , um der Begeisterung für Neuheit und Extravaganz gerecht zu werden. Eines davon wird Eichenlaubanzug genannt, weil es in der Verzierung vorherrschend ist. Es handelt sich um Helmschmieds eigene Arbeit – vermutlich um 1520. Die verschiedenen Stücke sind auf drei separate Figuren verteilt (A. 49-56-57). Der Brustpanzer wird kugelförmig, die Rondelle auf beiden Schultern werden durch die weniger anmutigen Hechtschützer ersetzt. Es werden nicht weniger als sechs zusätzliche Teile gezeigt, die am Helm befestigt werden könnten. Obwohl wir die Abkehr von der eleganten Schlichtheit des älteren Stils bedauern mögen, wird unsere Bewunderung durch die exquisite Kunstfertigkeit der Artikulation des Kragens und der Basen geweckt, die so flexibel sind, als wären sie aus Seide. Ihre Platten sind abnehmbar, und unter dem Stahlkilt befanden sich getragene Reithosen aus dem gleichen Metall, die wunderbar laminiert waren und den Gliedmaßen größtmögliche Freiheit ließen. Die allen Anzügen gemeinsamen Bänder weisen eine große Detailvielfalt auf. Greife, Amorini , Nymphen, Grotesken, heraldische Darstellungen, fließende Schriftrollen, florale Embleme und Jagdszenen werden alle vorgestellt und mit einem Einfallsreichtum verwoben, der nur durch die Feinheit ihrer Ausführung übertroffen wird. Der Helm bei A. 57 ist leicht und schön mit den Figuren kämpfender Zentauren und Schlangen verziert.

Ein weiterer wunderschöner Kopfschmuck vom Typ Burgonet hat die Form eines Delfinkopfes, ist geschwärzt und mit Tauwerk verziert. Es ist zweifellos ein Beispiel für Hopfers Können. Die gleiche Handschrift lässt sich auf der Verzierung des Arms des Anzugs mit der Nummer A. 75 nachweisen. Das Verstärkungsstück in Form eines Adlerkopfes und -schnabels befand sich im Besitz von Sir Richard Wallace und wurde von ihm seinem Katholiken geschenkt Majestät.

Helmschmied , der, wie Graf de Valencia nachgewiesen hat, 1525 Spanien besuchte, starb 1532. Das letzte von ihm für den Kaiser angefertigte Harnisch (A. 108) veranschaulicht einen Wandel in der Rüstungsmode . Die Beintaschen oder Hüftplatten reichen jetzt bis zum Knie und neigen dazu, die „Hummerschwanz"-Form anzunehmen, wie sie von Cromwells Ironsides getragen wird.

Desiderius Colman fehlte das Genie seines Vaters. Auf dem Füllhornanzug (A. 115-117), der seinen Namen aufgrund des in der Dekoration vorherrschenden Emblems erhielt, erkennen wir eine enge und gelungene Nachahmung von Helmschmieds Werk. Der Kaiser bestand auf den vertikalen Bändern , da sie offenbar zu seiner Körpergröße beitrugen. Die Figur, A. 164, sieht aus, als wäre er aus Tizians Bild im Prado herausgetreten. Es besteht aus dem Harnisch, den er 1547 in der Schlacht am Mühlberg trug. Die Teile sind mit Gold eingelegt und fein geätzt. Desiderius fertigte diese Rüstung im Jahr 1544 an und begann unmittelbar danach mit der Arbeit an einem Anzug für Prinz Philip nach Entwürfen von Don Diego de Arroyo. Das Geschirr unterscheidet sich kaum von dem des Kaisers . Es ist mit „Basen" und einer sehr flexiblen Gelenkbeinpanzerung ausgestattet . Die Genouillères oder separaten Knieplatten verschwinden, aber die anmutigen Rondelle an den Achseln und Coudes oder Ellenbogenstücke bleiben erhalten. Auf der nächsten Figur ist ein sehr schöner dreiteiliger Kipphelm zu sehen, und daneben wiederum ein Kopfstück vom Typ „ Morion ", geriffelt und fein geätzt.

Der Anzug hatte die Nummer A. 217-A. 230 dürfte Besuchern des Prado bekannt sein. Philipp trägt es als Thronfolger auf Tizians Bild (Nr. 454) und bei Rubens (Nr. 1607). Der Graf von Benavente wird darin durch Velazquez (1090) vertreten. Das von Arroyo entworfene Geschirr, das aus mehr Teilen als jedes andere in der Sammlung besteht, wurde 1549 hergestellt. Die Geschichte von Philipps prächtiger Rüstung (A. 239-A. 242), wie sie vom Grafen von Valencia erzählt wird, ist von etwas Interesse. Bisher wurde Colmans Überlegenheit gegenüber anderen Waffenschmieden dieser Zeit nur in Bezug auf Feld- und Kipppanzerung anerkannt – kurz gesagt, die einfachere und härtere Arbeit. Colman war bestrebt, seine Mailänder Konkurrenten in ihrer eigenen Linie in den Schatten zu stellen und ein Geschirr von äußerst kunstvollem Charakter herzustellen. Er suchte nach einem Assistenten und fand einen in Georg Sigman , einem geschickten Kunsthandwerker, den die Stadt Augsburg bisher nicht eingestellt hatte ein Meister seines Fachs. Colman versprach dem Anwärter seinen mächtigen Einfluss, und gemeinsam stellten sie den feinen Anzug her, den wir sehen. Der Kürass und alle Teile, mit Ausnahme der Pfosten, Coudes und Unterarmschienen, bestehen aus überlappenden Platten. Die Dekoration ist geschmackvoll und besteht aus Längsbändern aus geschwärztem Stahl, in die Grotesken und Blattwerk eingraviert sind. Die Coudes sind geprägt und vergoldet mit weiblichen Figuren, die den Orden vom Goldenen Vlies hochhalten und von Kriegern begleitet werden. Die Genouillères sind mit Masken und Satyrn geschmückt. Beachten Sie die kleine Brayette am

Zusammentreffen der Gliedmaßen, ein Stück, das dummerweise nur selten in englischen Sammlungen gezeigt wird. Der Helm bzw. die Burgonet ist reich mit klassischen Kompositionen, Kartuschen, Kränzen und Blattwerk getrieben. Darauf sind der Name Colman und das Datum 1552 vollständig eingeprägt, außerdem die Initialen und das Zeichen seines Mitarbeiters.

Der Geist der Rivalität, der dieser edlen Rüstung entspringt, kommt auf dem daran befestigten Schild (A. 241) sehr deutlich zum Ausdruck. Es ist rund, aus einem Stück, geschwärzt und geprägt. Rund um den Boss verläuft ein Lorbeerkranz mit dem Namen des Herstellers und dem Datum. Auf der Oberfläche sind vier Medaillons angeordnet, die von Kränzen umgeben sind und allegorische Darstellungen von Stärke, Sieg, Weisheit und Frieden aufweisen. Der Zwischenraum ist üppig mit Figuren, Masken, Blattwerk und Kartuschen geschmückt. Weniger geschickt ausgeführt sind die Motive am Rand, wo Colman seinen angeblichen Triumph über seinen Mailänder Konkurrenten vermessen durch eine Komposition symbolisiert hat, in der ein Stier einen Mann stürzt, der einen Schild mit der Aufschrift „ Nigrol " trägt. Der Schild wird dem Vergleich mit dem Werk des Italieners und auch nicht mit dem Anzug, an dem er befestigt ist, sicher nicht standhalten, aber der Fairness gegenüber dem Deutschen muss man sagen, dass er offensichtlich unvollendet ist. Es braucht den Griff und die Befestigungen für das Futter. Der Sattel bei A. 242 ist die feinere Arbeit und ist mit der Figur der Aphrodite, begleitet von Amoretten, geschmückt. Dies ist das neueste uns erhaltene Exemplar der Arbeit von Desiderius Colman. Er lebte im Jahr 1575 (sagt Dr. Wendelin Boeheim), aber wann und wo er starb , wissen wir nicht.

Über Sigmund Wolf ist wenig bekannt, außer dass er noch 1554 in Landshut in Bayern lebte und der Lehrer von Franz Großschedel war , einem weiteren angesehenen Rüstungsschmied . Ihm wird der für Philipp II. angefertigte Harnisch und der Stil des Burgunder-Kreuz-Anzugs zugeschrieben. Die Verzierung besteht wie üblich aus ornamentierten Bändern, wobei auf dem Brustpanzer einer Figur die Figur der Madonna eingraviert ist. Ein weiterer Anzug desselben Herstellers (A. 243-262) umfasst nicht weniger als 85 Teile, die sich alle nicht in Madrid befinden. Die übermäßige Anzahl an Kippstücken zeigt Philipps Vorliebe für Kampfübungen. Das Gewicht der Panzerung hätte im fertigen Zustand 37 Kilogramm betragen . Der Helm ist ein hervorragendes Beispiel für Wolfs Können und die Beinrüstung verrät sein Gespür für Symmetrie. An der linken Schulter ist, wie bei Kippanzügen üblich, ein Manteau d'Armes oder eine Zielscheibe angeschraubt.

Die Rüstung mit den Hummerschwanz-Beinen, die der unglückselige Infant Carlos, Sohn Philipps II., im Alter von dreizehn oder vierzehn Jahren trug, wird von Boeheim Wilhelm von Worms aus Nürnberg und von Valencia (mit größerem Glanz) zugeschrieben Wahrscheinlichkeit, so scheint es mir) an einen von Wolfs Nachfolgern und Namensvettern. Es ist interessant, den Unterschied in der Größe des linken und rechten Schulterpanzers zu bemerken, ein Beweis dafür, dass der Prinz, wie so oft behauptet wurde, leicht deformiert war. Es ist bedauerlich, dass die Rüstung unseres eigenen Richard III. nicht erhalten geblieben ist, um die heikle Frage seiner körperlichen Konformation zu klären.

Die Fruchtbarkeit Bayerns an großen Rüstungsschmieden zu dieser Zeit beweist die Wahrheit des Sprichworts, dass es mit einem Mæcenas nicht an Maros mangeln wird. Der vielleicht prächtigste Anzug in der gesamten Waffenkammer ist Nr. A. 270, der vor allem deshalb interessant ist, weil er von dem begabten Handwerker Anton Peffenhauser aus Augsburg für den Liebling der Romantik, Dom Sebastian von Portugal, angefertigt wurde .

Boeheim hat mehrere Details aus dem Leben dieses großen Kunsthandwerkers ans Licht gebracht. 1525 in München geboren, arbeitete er 22 Jahre später in Augsburg, wo er erstens Regine Meixner und zweitens zwanzig Jahre später Regine Eitler heiratete (wahrscheinlich die Schwester von Susanne Eitler , die 1565 „ Helmschmied “ heiratete). Sein Können und möglicherweise seine Verbindung zum Patriarchen des Handwerks verschafften Peffenhauser viele angesehene Gönner. 1566 arbeitete er an einem geschwärzten Harnisch für Kaiser Maximilian II. und zehn Jahre später finden wir ihn am kurfürstlichen Hof von Sachsen. Exemplare seiner Arbeit sind in Dresden, Wien und St. Petersburg zu sehen. Der vorliegende Anzug wurde um 1576 angefertigt. Eine in Prag aufbewahrte Medaille zeigt Peffenhauser als einen Mann im reifen Alter, mit strengem und würdevollem Gesichtsausdruck, mit ausgeprägter Adlernase und Vollbart.

Dom Sebastians Rüstung , sagt der Graf von Valencia, sei Peffenhausers Meisterwerk und stelle ihn auf eine Stufe, wenn nicht sogar über die größten deutschen Waffenschmiede seiner Zeit. Zwar begeht er den Fehler der übermäßigen Verzierung und seine Figuren sind falsch gestaltet, aber die Komposition und die Prägung sind kühner als bei Colman, und vor allem sind seine Meißelarbeiten von unnachahmlicher Präzision und Klarheit. Was den Dekorationsstil betrifft, so neigen wir beim Vergleich der kapriziösen Kombinationen von Figuren, Schriftrollen und anderen Geräten mit den von Hefner Altenech veröffentlichten Entwürfen zu der Annahme, dass es sich um das Werk von Hans Mielich aus München (geb. 1516, gest. 1573) handelt) oder ein anderer deutscher Künstler gleichen Alters und gleicher Begabung.

Der Anzug besteht aus Burgonett, Brustpanzern und Rückenpanzern, Ringkragen , Schulterstücken, Rere und Unterarmschienen, Coudes , Stulpen, Taces , Hummerschwanzquasten, Genouillères und Pfosten. Die Nägel, Spangen und der Federhalter sind vergoldet. Der aus einem Stück gearbeitete Burgonet ist wunderschön mit allegorischen und mythologischen Figuren sowie einer Kampfszene mit Elefanten verziert – zweifellos eine Anspielung auf die portugiesischen Eroberungen in Indien. Mythologische Kompositionen zieren auch die Längsbänder, die den Anzug vom Hals bis zum Knöchel durchziehen. Die Schulterpanzer oder Schulterpanzer weisen eine verblüffende und wunderbare Fülle verzierter Arbeiten auf. Die Ellenbogenschützer sind mit Reliefs der Kardinaltugenden geschmückt, die Knieschützer mit wunderschönen Emblemgruppen. Wenn man an diesen Anzug denkt, als er noch glänzend poliert und vergoldet war, stellt man sich vor, dass er so gekleidet war, dass Miltons Erzengel auszogen, um um die Herrschaft über die Himmel zu kämpfen.

Es ist nun an der Zeit, die Produktionen der italienischen Waffenschmiedeschulen zu untersuchen . Die größten Konkurrenten der Familie Augsburg waren die berühmten Mailänder Missaglia , die ab 1515 ausschließlich unter dem Namen Negroli bekannt wurden. Herr Boeheim hat Spuren eines Tommaso da Missaglia gefunden , der 1415 in Mailand arbeitete. Sein Sohn Antonio fertigte einen Anzug für den letzten aragonesischen König von Neapel an. Einige Exemplare seines Schaffens sind in Wien zu sehen. Die Mitglieder der Familie, mit denen „ Helmschmied " und sein Sohn konkurrieren sollten, waren Filippo, Giacomo und Francesco Negroli . Der Anzug A. 139, der 1539 in Mailand geschmiedet und von Karl V. getragen wurde, wird in der Reinheit der Konturen und der hervorragenden Verarbeitung von keinem anderen in der Sammlung übertroffen. Von der Dekadenz des Handwerks ist hier nichts zu spüren. Er unterscheidet sich von den deutschen Anzügen sofort durch die horizontale Ausrichtung der Streifen. Ursprünglich war es geschwärzt, um das Gold und Silber der Verzierung hervorzuheben. Das Morion wird von einem mit Lorbeer geschmückten Kamm gekrönt, auf dessen beiden Seiten breite Bänder aus Goldtamaszener verlaufen, die sich an der Vorderseite zu einem fantastischen Reliefgesicht zusammenfügen. Daher der Name „de los Maskaronen ", die diesem Geschirr manchmal gegeben werden. Das Datum und der Name des Herstellers sind auf dem Rand eingeprägt. Über dem Helm könnte ein Verstärkungsstück oder eine „Haube" in Form einer Schlange mit goldenen Schuppen angebracht werden . Der Brustpanzer ist mit einem Medaillon geschmückt, das ein Bild der Jungfrau enthält. Die Schulter-, Ellbogen- und Knieteile verdienen aufgrund ihrer bewundernswerten Verzierung mit Löwenköpfen, Schriftrollen und Blattwerk eine genaue Betrachtung.

Das Können der Negrolis muss, abgesehen von dieser Rüstung, anhand einzelner Rüstungsteile beurteilt werden . Wir haben zunächst den Helm und die Zielscheibe, die der Herzog von Mantua dem Kaiser im Jahr 1533 schenkte. Ersterer ist in der Form eines menschlichen Kopfes geformt – angeblich von Karl selbst –, mit goldenen Locken bedeckt und über der Stirn eingefasst durch einen Lorbeerkranz. Der Bart hat die Form eines lockigen Bartes, über dem die Lippen sichtbar sind. Dieser kunstvoll ausgeführte, aber geschmacklose Helm trägt den Namen Negroli und das Datum 1533. Die passend angefertigte Zielscheibe hat einen Löwenkopf und eine Mähne an der Spitze sowie einen breiten Rand, auf dem Medaillons mit dem kaiserlichen Wappen zu sehen sind von Greifen und verwoben inmitten von Laub.

Ein weiteres Burgonet (D. 30), das von denselben Händen für den Kaiser angefertigt wurde, aus einem Stück geschmiedet und exquisit tauschiert wurde, wird von der Figur eines liegenden Kriegers mit Turban gekrönt – ein Symbol des Osmanischen Reiches – dessen wilder Schnurrbart von zwei fest umklammert wird weibliche Figuren, die Ruhm und Sieg darstellen. Der berühmte Medusa- Schild (D. 64), den Karl von der Stadt Mailand bei seinem Einzug in die Stadt im Jahr 1541 geschenkt bekam, übertrifft diese Stücke bei weitem an Würde und Einfachheit in der Konzeption sowie an Kraft und Genauigkeit in der Ausführung. Der Kopf der Gorgone, Das gewagte und kraftvoll geprägte Wappen liegt in der Mitte des Schildes und ist von einem breiten Lorbeerkranz umgeben. Außerhalb davon befinden sich wiederum drei konzentrische Bänder. Das erste, schmal und reich mit Edelmetallen eingelegt; das zweite, geschwärzt und durch Tafeln mit der Aufschrift „Ist Terror Quod. " in Abschnitte unterteilt Virtus Anima und Glück paret "; das dritte war wie das erste mit Tauwerk verziert und durch Medaillons mit den kaiserlichen Insignien unterteilt. Der Rand ist in Form eines Lorbeerkranzes geformt . Negrolis Name ist auf dem Stahlgriff abgebildet. Dies gilt als einer der schönsten Schilde, die jemals von einem Waffenschmied geschmiedet wurden .

Es wird angenommen, dass die Schwerter (G. 33, 34) das Werk derselben Hände sind. Ihre Mittelflächen und Ricassi sind mit Gold eingelegt. Der Griff des einen endet in einer schönen Volute, der des anderen in einem facettierten Knauf.

Der in den alten Katalogen Boabdil (D. 12) zugeschriebene Helm stammt aus derselben Werkstatt. Es ist aus einem Stück geschmiedet und kann durch einen kompletten Satz Verstärkungsteile für Neigung und Turnier verstärkt werden . Wahrscheinlich hätte es uns mehr interessiert, wenn die alte Tradition bezüglich seines Eigentums nicht in Misskredit geraten wäre.

Große Machthaber des 16. Jahrhunderts liebten es, in römischer Tracht aufzutreten. Karl V. besaß eine Rüstung dieser Art, die ihm der Herzog von Urbino geschenkt und von Bartolommeo Campi aus Pesaro angefertigt hatte. Nachdem dieser Waffenschmied die Schirmherrschaft mehrerer gekrönter Häupter genossen hatte, diente er in der Armee des Herzogs von Alba als Ingenieur und fiel bei der Belagerung von Haarlem im Jahr 1573. Das

Geschirr besteht aus sieben geschwärzten Stahlstücken, die mit Tauwerk verziert und verziert waren Bronze vergoldet. Der Kürass, ein wunderbares Kunstwerk, ist den Muskeln der männlichen Brust nachempfunden und darüber ist der Kopf der Medusa aufgesetzt, der mit spiralförmigen Voluten verziert ist. Auf den Schultern befinden sich Löwenköpfe mit wild rollenden Augäpfeln. Der Kürass ist mit einer Reihe hängender Bronzemedaillons gesäumt, die klassische Köpfe, Masken und andere bei Kunsthandwerkern der Renaissance beliebte Elemente zeigen. Cothurni mit Satyrköpfen an der Spitze und ein prachtvoll verzierter böotischer Helm runden dieses prächtige antike Kostüm ab.

Das Werk eines weiteren bedeutenden italienischen Künstlers ist in A. 112 zu sehen. Es wurde Karl vom Herzog von Mantua geschenkt und von Caremolo gefälscht Mondrone von Mailand (1489-1543). Es ist von historischem Interesse, da es sich um den Anzug handelt, mit dem der Kaiser in Tunis einzog. Obwohl die Verzierungen so gut wie verschwunden sind, erinnern die enge Passform und die fließenden Linien an die besten Tage des Waffenschmiedehandwerks .

Auch die nächste Klage (A. 114) zeugt von der außerordentlichen Feinheit der Azziminia bei der Nachahmung kufischer Inschriften und von der wunderbaren Kunstfertigkeit desselben Künstlers.

Dass die allergrößten Künstler nicht abgeneigt waren, bei der Verzierung von Wappen mitzuarbeiten, beweist der prachtvolle „Plus Ultra"-Schild, der von Giulio Romano entworfen wurde, der damals in Mantua lebte. Es ist aus einem einzigen Stück Stahl geschmiedet und die gesamte Oberfläche ist mit einer aufwendigen Zusammensetzung gemeißelt . In der Mitte ist der Kaiser in seinem römischen Anzug zu sehen, wie er den Kaiseradler hochhält und aufrecht in einem Schiff steht, an dessen Bug sich Fame befindet. Über seinem Kopf schwebt der Sieg. Herkules, weiter links, schultert seine Säulen und bereitet sich darauf vor, dem Kaiser auf seinem weiteren Weg zu folgen, was Neptun offensichtlich bestürzt. Unterhalb des Bootes sitzt ein Flussgott neben der Figur Afrikas oder Amerikas, gefesselt und versklavt . Dies ist sicherlich eine der bemerkenswertesten Arbeiten der Waffenschmiedekunst, die es je gab.

Die Rüstung, die sich einst im Besitz von Charles und seinem Sohn befand, ist natürlich die interessanteste in der Sammlung. Die für ihre Nachfolger angefertigten Anzüge veranschaulichen den Niedergang der künstlerischen Bewegung. Das Geschirr wurde jetzt hauptsächlich zur Schau getragen. Die Verbindung zwischen Spanien und Bayern wurde unterbrochen, und die Zeiten, in denen Toledo-Klingen als die besten Waffen galten, die die Welt herstellen konnte, waren längst vorbei. Die von Lucio Piccinino aus Mailand für Philipp III., als Infante, angefertigten Anzüge sind der früheren Zeit würdig. Es ist reichlich mit Reliefs und Azziminia verziert . Auf dem Burgonet sind drei Masken eingeprägt, eine weitere erscheint in der Mitte des Brustpanzers, über einer Tafel mit einer Siegesfigur, die von zwei männlichen Figuren getragen wird. Die anderen Stücke (von denen viele fehlen) waren alle ähnlich verziert. Die Harnischrüstung des Pferdes weist einen ähnlichen Reichtum an Verzierungen auf.

unter den Nummern A. 350-353 katalogisierte Rüstung wurde im Jahr 1620 in Spanien im königlichen Arsenal von Pamplona in Navarra entdeckt . Es handelte sich um einen Anzug, der Philipp III. vorgelegt werden sollte. an den Herzog von Savoyen und ist reich verziert. Ein merkwürdiges Merkmal des nächsten Anzugs, der ebenfalls in Navarra hergestellt wurde, sind die sieben Einkerbungen, die durch die Kugeln einer Arkebuse entstanden sind. Jedes ist mit Steinen besetzt. Diese Markierungen sollten die Dicke des Stahls bestätigen, bewirken jedoch eher das Gegenteil, denn die Rückplatte ist vollständig perforiert. Wir erinnern uns an Don Quijotes Versuche, sich von der Robustheit seines Helms zu überzeugen.

In A. 13-20 werden sechs bezaubernde kleine Anzüge gezeigt, die für die kleinen Prinzen Philip, Ferdinand und Charles angefertigt wurden. Sie bestehen aus geschlossenen Helmen, Kragen , Kürassen und den üblichen Armschützern. Die Oberfläche ist gebläut und diagonal durch Blätter unterteilt, zwischen denen die Embleme Spaniens und das Goldene Vlies erscheinen.

Der für den Infanten Baltasar Carlos (1629-1646) angefertigte Anzug ist kaum mehr als ein teures Spielzeug und hat seine Vergoldung und Schwärzung intakt. Die Anzüge A. 369 und A. 394 sind historisch interessant, da sie im Feld von Prinz Emmanuele Filiberto von Savoyen, dem Sieger von St. Quentin, und Don Juan José, dem leiblichen Sohn Philipps IV., getragen wurden.

Der prachtvoll gravierte Kragen und die Halskrause , katalogisiert als A. 434– 441, stellen heute bekanntermaßen die Belagerung von Ostende (1601–1604) und die Schlacht von Nieuport (1600) dar. Die Details sind mit wunderbarer Klarheit ausgeführt und spiegeln die größte Ehre des unbekannten Künstlers wider. Der Reiter in der Mittelgruppe auf dem Kragen ist vermutlich Erzherzog Albrecht, der sich durch seine Tapferkeit in der Schlacht auszeichnete. Diese Stücke wurden über einer Buff-Wams getragen, wie zum Beispiel bekleidete Cromwells Ironsides.

Viele Einzelteile dieser großartigen Sammlung sind ebenso interessant wie die kompletten Geschirre. Das Schwert G. 21, das einst als „Colada" des Cid galt, hat seit der Identifizierung mit der ebenso berühmten Klinge, der „Lobera" des Heiligen Ferdinand, wenig von seinem Interesse verloren . Ein Teil des Umhangs, in dem der heilige König begraben wurde, ist auch mit seinen langhalsigen Sporen oder „ Acicates " dargestellt. Dann haben wir (in G. 13) die schwere Waffe Ferdinands des Katholiken und das Staatsschwert, das die katholischen Herrscher bei der Verleihung der Auszeichnung verwendeten. Das Schwert, auf dem der Name des Großen Kapitäns steht, wurde ihm, so glaubt der Graf von Valencia, von einer italienischen Stadt geschenkt. Ihm gehörte auch das Schwert mit der Nummer G. 30. Und wer kann ohne Staunen auf die valencianische Klinge blicken, mit der Pizarro für Spanien das riesige Reich Peru eroberte?

Aus der Neuen Welt stammt ein wunderschöner Federschild, gefertigt von den mexikanischen Indianern unter der Leitung spanischer Künstler. Auf einem Korbrahmen sind in auf Haut montierten Federn die Schlachten von Navas de Tolosa , Tunis und Lepanto sowie die Einnahme von Granada dargestellt. In der Mitte ist ein Reiher zu sehen, der sein Nest gegen Schlangen verteidigt – eine Komposition, die symbolisch für den Kampf gegen die Ketzerei steht. Das Ganze ist ein außergewöhnliches Beispiel dafür, was mit solch scheinbar unpraktischen Materialien erreicht werden kann.

Zur Sammlung gehört auch eine für Karl V. angefertigte Brigantine, die aus Hunderten von auf Leder genähten Stahlstücken besteht, wodurch ein Kleidungsstück so flexibel wie ein Trikot und dennoch mit außergewöhnlicher Widerstandskraft ausgestattet ist.

Älter und unter bestimmten Gesichtspunkten interessanter als alle diese Exponate sind die westgotischen Kronen von Guarrazar , die Begleiter derjenigen im Cluny-Museum . Diese wurden in einer Mondnacht im Jahr 1858 von zwei Bauern im Bett eines Brunnens gefunden und von der Regierung nur mit Mühe gesichert. Ein Großteil des Schatzes war bereits in den Besitz der Goldschmiede von Toledo gelangt und zerschlagen oder eingeschmolzen worden. Es soll sich dabei um eine wunderschöne goldene Taube gehandelt haben, die, nachdem sie von einem Juwelier erworben worden war , ihm so viele Gewissensbisse verursachte, dass er sich endlich beruhigte, indem er sie in den Tejo warf. Die Kronen waren Opfergaben an Schreinen von König Swinthila und seinen Nachfolgern. Sie bestehen aus mit Edelsteinen besetzten Reifen, die an einem separaten Ornament aus Gold und Bergkristall hängen. An dem Ring hängen Anhänger und Buchstaben aus Emaille, die die Inschrift *„Swinthilanus Rex Offeret"* bilden . Daneben stehen Kreuze und Ornamente aus derselben Zeit. Der Graf von Valencia geht davon aus, dass ein antikes Pferdegebiss, das der Überlieferung nach Witiza zugeschrieben wird, aus der westgotischen Zeit stammt.

Die Sammlung umfasst eine hervorragende Auswahl an Schwertern, wunderschöne Exemplare der berühmten Toledo-Klingen. Unter denen von historischem Interesse habe ich vergessen, die von Hernando Cortés zu erwähnen. Das Schwert Philipps II. mit der Nummer G. 47 hat einen prächtigen, reich ziselierten Griff mit einem kugelförmigen Knauf. Es handelt sich zweifelsohne um das Werk von Desiderius Colman, man ging jedoch einst davon aus, dass es von Benvenuto Cellini entworfen wurde.

zählen das 1634 in Nördlingen erbeutete Schwert des Herzogs von Weimar, die in Pavia von Franz I. erbeuteten Waffen, maurische Waffen aus Tunis, der in Mühlberg erbeutete Brustpanzer des Kurfürsten von Sachsen , Schwerter und Standarten aus Lepanto und Flaggen des berühmten Admirals Alvaro de Bazán . Auch die Waffen seiner verstorbenen katholischen Majestät Alfons XII. wurden von der Königinwitwe in die Sammlung aufgenommen, da sie sehr wohl wusste, wie groß das Interesse ihres erhabenen Mannes an diesem großartigen Militärmuseum war.

DAS ESCORIAL – LA GRANJA – EL PARDO

Niemand besucht Madrid, ohne einen Ausflug zum Escorial zu machen, das für die spanische Hauptstadt das ist, was die Pyramiden für Kairo sind. Tatsächlich gibt es mehr als einen Punkt der Ähnlichkeit zwischen diesen Gebäuden. Beide beeindrucken vor allem durch ihre Größe, beide lösen beim Betrachter keinerlei Freudengefühle aus, beide verkörpern die feierliche und niederschmetternde Vorstellung von der Majestät des Todes, die große und despotische Könige hegten.

Die Gedanken Philipps II. waren, ebenso wie die der Pharaonen, ständig ins Grab gerichtet, und es wird einem wirklich gläubigen Charakter vielleicht nicht unrecht, wenn man sagt, dass er ebenso viel über den Aufenthaltsort des Körpers nach dem Tod nachdachte wie über die Obduktion Wechselfälle seiner Seele. Der Prunk des Todes, der laut dem Weisen für die meisten Menschen schrecklicher ist als der Tod selbst, übte auf die Pharaonen und den König von Spanien eine seltene Faszination aus. Philipp in seinem Grab schien für den lebenden Philipp eine schönere Figur zu sein als Philipp auf seinem Thron. Der Tod als Katastrophe ist natürlich für alle möglichen Menschen attraktiv, ansonsten nicht krankhaft. Aber es war der Tod in seiner allgemein abstoßendsten Form, der diesen seltsamen, düsteren Herrscher Spaniens anzog , und es war diese vorherrschende Vorstellung, die ihn bei der Errichtung des Escorial inspirierte. Das Gebäude ist seine in Stein ausgedrückte Vorstellung von der Majestät und Endgültigkeit des Todes.

Die Geschichte, die unmittelbar der Gründung des Escorial zugrunde liegt, ist bekannt. Am 16. August 1557 besiegten die Spanier unter dem Kommando von Emmanuele Filiberto, Herzog von Savoyen, die Franzosen unter den Mauern von St. Quentin vollständig. Philipp kam rechtzeitig, um bei der Einnahme der Stadt selbst mitzuhelfen, weshalb es notwendig wurde, ein dem Heiligen Laurentius geweihtes Kloster abzureißen. Als Wiedergutmachung für diesen Heiligen, als Dank für den Sieg und in Erfüllung der Anweisungen seines Vaters, ein königliches Mausoleum zu errichten, beschloss Philipp, unter der Berufung des heiligen Laurentius ein riesiges Kloster und einen Palast zu errichten. Nachdem der heutige Standort von einer Kommission ausgewählt worden war, wurde in der ersten Aprilwoche 1562 in Anwesenheit des Königs selbst mit den Arbeiten begonnen. Die Pläne wurden von Juan Bautista de Toledo entworfen, einem angesehenen Architekten, der in Rom studiert hatte und Neapel. Er starb jedoch 1563, wenige Tage nach der Grundsteinlegung, und die Arbeiten wurden dann seinem Assistenten, dem berühmteren Juan de Herrera (geboren 1530 in Asturien, gestorben 1597 in Madrid), anvertraut. Als Villacastin , der Baumeister, eingeladen wurde, bei der Zeremonie der Grundsteinlegung mitzuhelfen, antwortete er: „Lassen Sie andere den ersten legen, ich werde den letzten legen!“ Seine Worte wurden wahr, denn er legte am 23. Juni 1582 den letzten Stein, der beim Betreten des Patio de los Reyes mit einem schwarzen Kreuz markiert ist .

Der eigentliche Architekt war Philip selbst. Sein Interesse an dem Werk war so intensiv, seine Aufmerksamkeit für die Details so minutiös, die Idee des Ganzen so sehr seine eigene und so hartnäckig darauf beharrte, dass Toledo und Herrera kaum etwas anderes zu tun hatten, als den Plan zu Papier zu bringen.

Der Escorial ist im Wesentlichen das Werk eines einzelnen Mannes und Ausdruck, wenn nicht seiner Persönlichkeit, so doch zumindest der Idee, die ihn besessen hat.

In Nordeuropa war es Brauch, einige halb vergessene höllische Gottheiten zu besänftigen, indem man in den Fundamenten jeder Kirche ein Schwein oder ein Schaf lebendig begrub. Das Kloster San Lorenzo wurde ebenfalls durch Menschen- und Tieropfer geweiht. Nachdem sich die Einsiedler des Heiligen Hieronymus (der Lieblingsorden Karls V.) in dem unvollendeten Gebäude niedergelassen hatten, wurde geflüstert, dass ein schwarzer Hund ihren Gesang ständig durch sein Geheul unterbrach . Die Menschen betrachteten das Tier als von Gott inspiriert und protestierten damit gegen die Plünderung der Bauernschaft durch die Einsiedler. Es stellte sich heraus, dass es nur einer der Hunde des Marquis de las Navas war , der seinen abwesenden Herrn beklagte; Doch die gütigen Mönche hängten das arme Tier sofort vom Dach ihres Klosters auf. Im selben Jahr wurde ein vierundzwanzigjähriger junger Mann (zweifellos wegen einer schweren Straftat) an der mit einem Steinkreuz markierten Stelle im benachbarten Jardin del Principe auf dem Scheiterhaufen verbrannt . So wurde der große christliche Tempel mit den meisten feierlichen Riten dem Tod geweiht.

Das Gebäude stellt ein riesiges Parallelogramm dar, dessen Seiten fast den Himmelsrichtungen zugewandt sind. Der kleine rechteckige Anbau namens Palacio de Infantes, der aus der Mitte der Ostfassade ragt, verleiht dem

Grundriss eine rein zufällige Ähnlichkeit mit einem Rost, der der Legende nach das Werkzeug für das Martyrium des Titelheiligen war. Laut einem spanischen Schriftsteller betragen die Abmessungen 744 kastilischer Fuß von Nord nach Süd, 580 von Ost nach West und eine Fläche von 400.000 Quadratfuß. Das gesamte Gebäude besteht aus grauem Granit und scheint ein integraler Bestandteil des Felsens zu sein, auf dem es steht. Aufgrund seiner Einfachheit und Größe könnte man es leicht für das Werk der Natur und nicht für das Werk des Menschen halten. Künstlerisch gesehen ist dies vielleicht sein einziger Vorzug, aber wie gesagt, es beeindruckt immer wieder. Der Stil ist der der zweiten Renaissance, hier griechisch-römisch genannt, die die dorische Ordnung bevorzugt und alle überflüssigen Ornamente ablehnt. Jeder Winkel wird von einem quadratischen Turm gekrönt, der von einer Zinne überragt wird. Die Fassaden sind bar jeglicher Verzierung und werden nur durch Reihen kleiner quadratischer Fenster aufgelockert. Die oberen Stockwerke sind mit blauem Schiefer und Bleiplatten verkleidet. Das Escorial wird an Einfachheit und Strenge nur von den Pyramiden übertroffen.

Der Haupteingang befindet sich in der Mitte der Westfront. Die untere Bühne ist im dorischen Stil gehalten, vier Säulen flankieren den Eingang auf jeder Seite. Die Tür selbst ist 20 Fuß hoch und 12 Fuß breit und weiß gestrichen mit riesigen kupfervergoldeten Nieten und Türklopfern. Oben ist die zweite Stufe des Eingangs im ionischen Stil zu sehen. Über der Tür steht die kolossale Statue des Heiligen Laurentius aus Granit, deren Kopf, Hände und Füße jedoch aus weißem Marmor bestehen. Der Bildhauer Monegro erhielt 20.900 Reales für das unten eingravierte spanische Wappen.

Ein Vorraum öffnet sich zum Patio de los Reyes, so genannt nach den Statuen der Könige von Juda aus Granit und Marmor, ebenfalls von Monegro, die auf Sockeln über dem Gesims stehen. Josaphat wird mit einer Axt dargestellt, Hiskia mit einem Widder, Manasse mit Zirkel und Winkel, Josia und Salomo mit Büchern, David mit Harfe und Schwert. Diese Könige wurden ausgewählt, weil sie am meisten mit dem Bau des Tempels zu tun hatten, mit dem der Escorial oft von spanischen Schriftstellern verglichen wurde. Der Tempel, wie er durch die Omar-Moschee dargestellt wird, ist bei weitem das fröhlichere und kunstvollere Bauwerk der beiden.

Die Ostfront dieses Hofes wird von der Westfront der Kirche und dem Escorial gebildet – zweifellos dem edelsten Teil des Haufens. Es gilt zu Recht als Herreras Meisterwerk. Die Form soll die eines griechischen Kreuzes sein, schien mir aber quadratisch zu sein. Die Westfront wird von quadratischen Türmen flankiert, die deutlich über 200 Fuß hoch sind und wie die der Umfassungsmauer in Zinnen enden. Über der Vierung erhebt sich eine stattliche Kuppel, die eine anmutige Pyramide trägt, über der sich ein eisernes Kreuz erhebt. Diese Türme sind die dekorativsten Elemente des gesamten riesigen Haufens.

Das Innere der Kirche, bemerkt Herr Lomas wahrlich, „vermittelt genau die Idee, die die Engländer mit dem Wort ‚Tempel' verbinden, einem Ort, an dem die Majestät des Unsichtbaren alles Menschliche in den Schatten stellt." Es ist nach dem Vorbild des ersten Plans von St. Peter errichtet. Die Laterne ruht auf vier riesigen Pfeilern, von denen aus acht Pilastern in den Wänden vierundzwanzig mächtige Bögen hervorgehen, die drei Schiffe bilden. Hier scheinen Riesen am Werk gewesen zu sein. Beim Betreten befinden wir uns im dunklen Unterchor, der durch drei Bronzegeländer vom Rest der Kirche getrennt ist und in dem sich die Laienanbeter aufhalten mussten. Darüber befindet sich der Chor, der, was in Spanien ungewöhnlich ist, erhöht auf einer Galerie am Westende der Kirche zu finden ist, anstatt das Kirchenschiff zu verdecken. Hier nahm Philipp oft an den Andachten der Mönche teil, wobei sein Platz derjenige war, der der Tür im südöstlichen Winkel am nächsten lag. Er war ins Gebet versunken, als am 8. November 1571 während der Vesper ein Bote eintrat und den Versammelten den glorreichen Sieg verkündete, den Don Johannes von Österreich über die osmanische Flotte errungen hatte. Der König ließ nicht erkennen, dass er hocherfreut war oder dass er die Nachricht überhaupt gehört hatte, aber am Ende des Gottesdienstes ordnete er die Intonation eines Te Deums an. Er war ein Mann, der sich weder über Erfolge freute noch über Misserfolge deprimierte. Die bösen Nachrichten von der Armada beunruhigten ihn ebenso wenig wie die gute Nachricht von Lepanto. Von demselben Platz aus nahm er an der feierlichen Requiem-Messe teil, die nachts zur Ruhe der Seele Marias, der Königin von Schottland, gesungen wurde. Es ist nicht ohne eine gewisse Emotion, wenn wir uns in dieser Galerie umsehen. Die Stände sind nach den Entwürfen von Herrera elegant und schlicht aus edlen Hölzern geschnitzt. Das Rednerpult und der Kristallkronleuchter sind kaum so gut. Der Blick fällt sofort auf das von Benvenuto Cellini signierte Marmorkruzifix, das es zu seinen schönsten Werken zählt. Eines Tages bedeckte Philipp die Lenden der Figur mit seinem Taschentuch, ein Präzedenzfall, den wir noch heute in vielen Kirchen in Spanien und in Klosterkapellen in Frankreich sehen.

In den angrenzenden Räumen, die Antecoros genannt werden , kann man eine Statue sehen, die in das „Ebenbild" des Heiligen Laurentius umgewandelt wurde, und zwei Bilder von Navarrete „ el Mudo . Dieser Künstler soll mit der Darstellung von Engeln mit Bärten gegen bestimmte Geistliche verstoßen haben, und es wurde eine zusätzliche Regel festgelegt, dass in religiösen Bildern weder Katzen und Hunde noch andere unanständige Figuren verwendet werden durften, sondern nur solche Dinge, die zur Frömmigkeit anregten. Die Fresken stammen von Luca Giordano, ebenso wie die Fresken, die die acht Gewölbe der Kirche selbst schmücken. In der Chorbibliothek können Sie die prächtigen Antiphonen sehen, wunderschön gebunden und beleuchtet, über einen Meter hoch und zwei Meter breit.

In der Kirche befindet sich das schlichte Grab von Königin Mercedes, der ersten Frau seiner verstorbenen Majestät Don Alfons XII. Das schlichte Goldkreuz zu ihren Füßen war eine Spende der britischen Gemeinschaft von Madrid, die wie die ganze Welt ihren frühen Tod zutiefst bedauerte. Sie ist hier begraben und nicht im Mausoleum darunter, da sie nicht die Mutter eines Königs war.

Die Kuppel des Pantheons ist von der steilen Treppe zum Altarraum überdacht, so dass die Messe buchstäblich über den Körpern der Könige gefeiert wird. Der Altar, der etwa 40.000 Pfund kostete, ist isoliert und besteht aus Marmor und Jaspis, wobei eine einzelne Platte aus dem letztgenannten Stein den Tisch bildet. Laut der Inschrift auf einer Bronzeplatte, die in die Rückseite des Altars eingelassen ist, enthält er Reliquien der Heiligen Petrus und Paulus, Laurentius und Vinzenz sowie einer Vielzahl anderer Heiliger und wurde in Anwesenheit Philipps vom päpstlichen Nuntius Camillo Caietano geweiht , Patriarch von Alexandria, am 30. August 1595. Die Schönheit des Retabels oder Retablo wird durch den dunklen Farbton des verwendeten Steins und durch die Düsterkeit verdeckt Farbe , die die Gemälde im Laufe der Jahre angenommen haben. Auch das Licht ist sehr schlecht. Die drei Stufen, in die das Retablo unterteilt ist, entsprechen den drei griechischen Architekturordnungen. Die Säulen sind aus dunkelrotem und grünem Jaspis, mit Kapitellen und Sockeln aus vergoldeter Bronze. Die Statuen stellen (nach oben blickend) die vier Kirchenlehrer, die vier Evangelisten, den heiligen Jakobus und den heiligen Andreas, den heiligen Petrus und den heiligen Paulus dar. Die Gemälde zeigen die Geburt und Anbetung der Heiligen Drei Könige, den Erlöser , der das Kreuz trägt, die Geißelung an der Säule, das Martyrium des Heiligen Laurentius, die Auferstehung, die Herabkunft des Heiligen Geistes und die Himmelfahrt. Das das Ganze überragende Kreuz wurde aus dem Holz des portugiesischen Kriegsschiffs „Fünf Wunden" gefertigt. Der Architekt dieses schönen Werkes war der Mailänder Giacomo Trezzo , die Maler Tibaldi und Zuccaro , die Bildhauer Leone und Pompeio Leoni. Das Heiligtum im Osten enthält den prächtigen Tabernakel, der von Herrera entworfen und von Trezzo ausgeführt wurde , mit Instrumenten, die er zu diesem Zweck erfunden hat. Es wurde 1827 vom „frommen und erhabenen" Ferdinand VII. restauriert. nachdem es von den Franzosen geplündert und beschädigt worden war. Die Reliquien im Heiligtum enthalten zehn ganze Körper von Heiligen, 144 Köpfe und 306 ganze Arme und Beine. Zu diesen Reliquien gehört die Keule des Heiligen Laurentius, auf der das geröstete Fleisch und die von den Spießen entstandenen Löcher zu sehen sind.

Den skeptischen Ausländer dürften eher die Statuen über den Oratorien oder königlichen Tribunen rund um den Altar interessieren. Wir sehen Karl V. mit seiner Frau, seinen Töchtern und Schwestern, Philipp II. mit allen seinen

Frauen, außer Mary Tudor und seinem Sohn, dem elenden Infanten Carlos. Es war keine gerade erfreuliche Idee, einen christlichen Prinzen darzustellen, der gleichzeitig *von* seinen drei Frauen begleitet wurde. Alle diese Statuen sind originalgetreue Porträts. Das Oratorium auf der Epistelseite grenzt an den kahlen, engen Raum, in dem der fromme König seinen letzten Atemzug tat und ohne Reue eine Welt verließ, mit der er kein Verständnis hatte und in der er sich wie ein melancholischer Verbannter bewegte.

Die Kirche enthält 48 Seitenkapellen und Altäre, die mit Gemälden von Coello , Navarrete und anderen weniger bedeutenden Künstlern geschmückt sind. Die besten Bilder sind in der Sakristia zu sehen . Hier gibt es mehrere Werke von Tizian, Tintoretto, El Greco, Zurbaran und Ribera. Das interessanteste Gemälde ist „Santa Forma" von Claudio Coello . Die Köpfe sind Porträts von Karl II. und seine Minister. Bei dem dargestellten Vorfall handelt es sich um die Zeremonie der Verehrung der Heiligen Oblate, die angeblich Blut vergoss, als sie von Protestanten in Gorinchem in Holland zertreten und geschändet wurde. Es wird hinter dem Bild aufbewahrt und zweimal im Jahr ausgestellt.

Unmittelbar unter dem Hochaltar befindet sich das Pantheon, die letzte Ruhestätte der Könige und Königinnen Spaniens. Es ist eine achteckige Kammer, ausgekleidet mit kostbarem Marmor, der auch in der furchtbar spürbaren Gegenwart des Todes zu verfallen scheint. Eine so reiche Kammer wünschte sich Philipp nicht. Es stammt aus dem Jahr 1554.

Sechsundzwanzig Marmorurnen, die in Nischen rund um die Kammer aufgestellt sind, enthalten alle sterblichen Überreste der spanischen Monarchen und ihrer Gemahlinnen von Karl V. bis Alfons XII., Philipp V. und Ferdinand VI. ausgenommen. Es gibt auch Gräber, die auf die Lebenden warten. Wenn wir die Stufen hinaufsteigen , kommen wir an der versiegelten Tür des Pudridero vorbei, wo die Leichen fünf Jahre lang aufbewahrt werden, bevor sie in das Pantheon gebracht werden, und können die Grabkammern besichtigen, die den Infanten und Infantinnen vorbehalten sind. Einige der Tresore sind noch leer. Sie haben einen reineren, kälteren Stil als das schwerere Pantheon der Könige. Wenn man aus diesen schrecklichen Kammern in die Welt der Lebenden aufsteigt, drängt sich die Frage auf: Was ist der Zweck des Ganzen? Die Pyramiden des Nils hätten den Menschen ein für alle Mal von der Hoffnungslosigkeit jedes Versuchs überzeugen sollen, seinen Körper über all die Jahre hinweg unentweiht und feierlich untergebracht zu halten. Egal wie groß die Dynastie, wie stark das Grab, der Tag muss kommen, an dem die eifersüchtig und ehrfürchtig gehütete Asche zur Beute eines gruseligen Eindringlings werden wird. Wenn Ramses den Blicken der staunenden Cockneys ausgesetzt ist, wenn Alexanders Grab ein Objekt der Neugier für Touristen im Museum von Stamboul ist, wenn die Gräber der Könige von Juda von Cooks Ausflüglern auf allen Vieren erkundet werden, wie kann man dann auf eine ewige Immunität vor Profanierung hoffen? für den Invalidendom, für Westminster, für das Escorial? Könige hätten die Lektion lernen sollen, dass sie allein in den Seiten der Geschichte nach einer irdischen Unsterblichkeit suchen können.

Das Kloster befindet sich im südlichen Teil des Gebäudes. Es wurde, wie ich bereits sagte, von Ordensleuten bewohnt, die als Eremiten des heiligen Hieronymus oder Hieronymiten bekannt sind, ein Orden, der von Papst Gregor XI. gegründet oder anerkannt wurde. im Jahr 1373. Wenn sie noch existiert, zählt sie nur sehr wenige Mitglieder und hat im Vergleich zu den geistlichen Nachkommen von Benedikt, Dominikus, Franziskus, Bruno und Ignatius in der Kirchengeschichte eine unbedeutende Rolle gespielt. Aus irgendeinem Grund schätzte Karl V. die Eremiten besonders, und es war diese Vorliebe, die seinen Sohn dazu bewog, ihnen 1561 das neue Kloster anzubieten. Der Orden ist dem Ekklesiologen wahrscheinlich am besten wegen seines besonderen Plans in Erinnerung geblieben Kirchen – kreuzförmig, mit diagonalen Linien, die von den Enden des Kreuzstücks bis zum Kopf des aufrechten Glieds reichen.

Die Kreuzgänge aus Granit im dorischen Stil sind bzw. waren mit Fresken nach Entwürfen von Tibaldi geschmückt , die jetzt erschreckend „restauriert" wurden. Im Zentrum des Patio de los Evangelistas ist ein kleiner achteckiger Tempel, der einen Brunnen bedeckt. Es ist eines der besten Werke Herreras, bei dem Granit und Marmor mit bewundernswertem Geschick kombiniert wurden. Die weißen Statuen der Evangelisten an den Ecken wurden von Monegro geschaffen; Die entsprechenden Inschriften sind in Latein, Griechisch, Hebräisch und Syrisch.

Die drei Kapitelsäle des Klosters bilden eine Bildergalerie von hohem Interesse. Tizian wird durch ein letztes Abendmahl dargestellt – leider restauriert; Tintoretto, von „Christus wäscht die Füße seiner Jünger", „Christus im Haus des Pharisäers" und „Königin Esther" – alle vom spanischen Botschafter aus der Sammlung unseres Karl I. gekauft – und von einem „Ecce Homo", „Grablegung", „Anbetung der Hirten" und „Verkündigung"; Velazquez von „Die Söhne Jakobs" – vielleicht das beste Werk der Sammlung; El Mudo , durch das „Martyrium des Heiligen Jakobus"; El Greco, durch den „Traum Philipps II." (Herrlichkeit, Fegefeuer und Hölle)"; Ribera, von mehreren Leinwänden. In der alten Kapelle gibt es ein gutes „Martyrium des Heiligen Laurentius" von Tizian und im oberen Kreuzgang, zu dem man über eine große Treppe gelangt, ein paar gute Bilder, vor allem von El Mudo . Einer der Säle heißt Aula de Moral und ist für Konferenzen über moralische Fragen reserviert.

Die Bibliothek ist definitiv interessanter als das Kloster. Seltsamerweise sind die Bücher mit der Vorderseite und nicht mit der Rückseite nach außen angeordnet. Die Gehäuse aus Ebenholz und Zedernholz wurden von Herrera entworfen und harmonieren gut mit dem Marmorboden und den Tischen. Es gibt hier mehrere Porträts von Herrschern, und in Kisten sind einige der selteneren Bücher angeordnet, wie die Gebetbücher von Karl V., Isabel der Katholikin, Philipp III. usw., ein Virgil aus dem fünfzehnten Jahrhundert und ein Kodex aus dem elften Jahrhundert, mit den vier Evangelien in goldenen Buchstaben geschrieben. Dieses unschätzbare Werk wurde im Auftrag von Konrad II., Kaiser der Römer, begonnen. Für die Beleuchtung sollen 18 Pfund Gold verwendet worden sein.

Den Anfang der Sammlung bildete Philipps eigene Bibliothek mit 4000 Bänden, zu der 1614 die wertvolle Bibliothek des Sultans von Marokko hinzukam. Selbstverständlich wurde sie von Zeit zu Zeit durch weitere Sammlungen erweitert. Die arabischen Manuskripte sind zwar nicht so zahlreich wie erwartet, aber äußerst wertvoll. Gayangos , dieser geduldige spanische Orientalist, hatte, wie ich erfahren habe, nie Gelegenheit, sie zu inspizieren.

Der Palast nimmt die Nordseite des riesigen Gebäudes ein. Es stellt den am wenigsten verdienstvollen Teil von Herreras Entwurf dar und wurde durch die auf Befehl Karls IV. vorgenommenen Änderungen nicht verbessert. Die Säle sind langweilig, trostlos und ganz im Stil des 18. Jahrhunderts gehalten – eine hinreichende Verurteilung. Das waren Zeiten, in denen sich jeder Monarch ein Versailles wünschte: Die gleichen Bemühungen um Nachahmung sehen wir in Caserta, in der Superga , in Wilhelmshöhe und Philippsruhe . Es gibt natürlich eine Halle der Schlachten, in der mit Ausnahme der Bilder der Schlacht bei St. Quentin, Lepanto und Higueruela Siege über die Holländer und Flamen gefeiert werden. Die nationale Selbstverherrlichung geht vielleicht zu weit, aber in England vergessen wir zu sehr unsere glorreiche Vergangenheit. Wir träumen nicht davon, unsere Paläste mit Bildern von Crécy, Poitiers, Agincourt, Blenheim, Trafalgar und Waterloo zu schmücken. Möglicherweise sucht man in England vergeblich nach Denkmälern für Wilhelm den Eroberer, den Gründer der Monarchie, für Edward, unseren großen Richter, für den Schwarzen Prinzen, für de Montfort oder für Langton, dem wir unsere verfassungsmäßigen Freiheiten verdanken. Wer mit unserer Geschichte nicht vertraut ist, könnte annehmen, dass wir erst vor knapp einem Jahrhundert entstanden sind. In einem allgemein konservativen Land wie unserem erscheint diese völlige Loslösung von der Vergangenheit seltsam widersprüchlich.

Dieser riesige, leere Palast enthält außer den beiden von Philipp bewohnten Räumen wenig Interessantes. In ihnen steckt alles Strenge und Einfachheit – wie es sich für einen König gehörte, der im Herzen ein Mönch war. Die Wände sind weiß getüncht, der Bodenbelag aus Ziegeln. Die Fußbänke erinnern uns an die Gicht, an der der traurige König litt – sicherlich nicht an übermäßigem Genuss der guten Dinge des Lebens. In diesem Raum arbeitete er von vier Uhr morgens bis Mitternacht, seine Arbeit wurde nur durch seine inbrünstigen Andachten unterbrochen. Der angrenzende Raum ist das Oratorium, von dem ich bereits gesprochen habe, wo er bei der Feier der Messe mithelfen konnte. Hier starb er am Ende einer zweimonatigen, geduldig ertragenen Krankheit, das Kruzifix umklammernd, mit dem sein Vater war in seinen letzten Augenblicken getröstet worden. Sein Tod war jedenfalls glücklicher und würdiger als der seiner siegreichen Rivalin Elizabeth, die ihr Leben in Richmond in einer Ekstase aus Reue und Kummer verbrachte.

Angrenzend an das Escorial befinden sich mehrere Gebäudeblöcke, wie die Campaña , in der sich die häuslichen Büros befinden, und die Casa del Principe, das Petit Trianon des Palastes, umgeben von Gärten. Darin ist das Kreuz zu sehen, das die Stelle markiert, an der der Bäckerjunge unter Philipps Herrschaft auf dem Scheiterhaufen verbrannt wurde. Eine seltsame Seite für einen Palast, der den „Menus plaisirs" gewidmet ist!

Das Escorial war Schauplatz einiger wichtiger historischer Ereignisse, insbesondere der Verhaftung und Inhaftierung des Infanten Ferdinand unter dem Vorwurf des Hochverrats an seinem Vater im Jahr 1807. Er war später Ferdinand VII. Der Prinz wurde in der Zelle des Priors eingesperrt und konnte mithilfe einer Angelschnur mit seinen Freunden kommunizieren. Karl IV. hatte keine andere Wahl, als seinen Sohn zu begnadigen, dessen Intrigen indirekt zur Plünderung des Palastes führten, der ein oder zwei Jahre später sein Gefängnis gewesen war, durch die Franzosen.

Nicht ohne Erleichterung wird der Besucher diese endlosen Hallen und Korridore verlassen, über denen die Gegenwart des Todes brütet, und die kleine Silla del Rey oder den Königsstuhl suchen, anderthalb Meilen vom Haufen entfernt. Es handelt sich um einen natürlichen Sitz aus Granitfelsen, von dem aus Philip den Fortschritt der Bauarbeiten beobachtete. Es ist einen Besuch wert, da man einen der schönen Ausblicke inmitten eines im Allgemeinen wenig einladenden Viertels genießen kann.

Nach einem Besuch im Escorial wird der Palast von La Granja das sein, was er sein sollte: das Haus des Lebens und der Fröhlichkeit. Zu jeder anderen Zeit würde es wie eine ziemlich langweilige und deprimierende Nachahmung von Versailles erscheinen. Es wird „Grange" oder „Farm" genannt und liegt passenderweise inmitten einer bezaubernden Landschaft. Bäume spenden Schatten, den man im kargen, verbrannten Kastilien nicht allzu oft findet. Und im Hintergrund heben die verschneiten Guadarrama ihre Köpfe über die Pinienwälder. Im Großen und Ganzen macht man Philipp V. nicht die Schuld für seine Wahl einer königlichen Domäne, und man wundert sich auch nicht, warum der Vater und die Mutter des jetzigen Königs kurz nach ihrer Heirat einen Großteil ihrer Zeit hier verbrachten. Doch in dieser Höhe von 4000 Fuß über dem Meer muss es zu jeder Jahreszeit außer im Sommer ein arktischer Ort sein. La Granja – oder San Ildefonso, wie es offiziell heißt – ist im Sommer die Residenz des Gerichts. Wenn das Escorial in Stein den Charakter seines Gründers zum Ausdruck bringt, kann man das Gleiche nicht von diesem Palast sagen, denn der fünfte Philipp war von fast ebenso düsterer Stimmung wie der erste. Er verbrachte sehr wenig Zeit mit dem Vergnügen , das er angeordnet hatte, denn er starb wenige Monate nach seiner Fertigstellung im Jahr 1746. Hier verzichtete er 1724 auf den Thron zugunsten seines Sohnes Don Luis, zu dessen Tod er acht Monate später gezwungen war die königliche Autorität wieder aufnehmen.

Der Palast selbst ist kein sehr interessantes Bauwerk. Die Hauptfassade stammt aus dem Jahr 1737 und wird von Säulen und Pilastern gestützt, die ein Gebälk und eine Balustrade tragen. Über der Mitte erhebt sich ein Dachgeschoss, das ebenfalls von einer Balustrade überragt wird und von vier Karyatiden getragen wird, die die Jahreszeiten darstellen, zwischen denen sich das Wappen Spaniens und der Bourbonen befindet. Diese Fassade wurde von Juvarra entworfen und ist der geschmackvollste Teil des Gebäudes, an dem in verschiedenen Epochen Ergänzungen vorgenommen wurden, ohne Rücksicht auf Harmonie oder guten Geschmack. Der Innenraum spiegelt jedoch den Geschmack der heutigen erhabenen Bewohner wider. Ein Großteil des in den vergangenen Jahrhunderten angesammelten schweren Mülls wurde in die Rumpelkammer verbannt und die riesigen Hallen und Korridore wurden durchgehend neu möbliert. Prächtige Wandteppiche bedecken die Wände und der Palast beherbergt immer noch über 300 Gemälde, obwohl die schönsten Kunstwerke mittlerweile die Galerien Madrids füllen. Die Kapelle ist nur wegen der Gräber Philipps V. und seiner italienischen Königin einen Besuch wert.

Aber auch wenn der Palast von San Ildefonso den Besucher kaum für seine Anreise aus Madrid belohnt, ist der Park zumindest an einem langen Tag eine Schönheit und Freude. Hier gedeihen Ulmen, Linden, Kiefern und Kastanien und bilden köstliche Wälder. In den Ziergärten gibt es das schönste Brunnensystem, das die Welt je gesehen hat. Philipp V. übertraf in dieser Richtung die Leistungen des Roi Soleil bei weitem. Der erste Besuch gilt natürlich dem See, einer wunderschönen Wasserfläche, an deren Ufer sich die bedeutende Fischzuchtanlage befindet , die 1867 vom König-Gemahl Francisco gegründet wurde.

Die Gärten sind voller Statuen mythologischer Figuren, die mit viel Geschick zwischen den Blättern gruppiert sind. Am meisten bewundert werden Lucretia, Daphne, Phoebus und America. Besonders schön ist die Gruppe der Diana und ihrer von Aktäon überraschten Nymphen inmitten eines prächtigen Brunnens. Beim Nachdenken über das Spiel der Wasser soll Philip

V. ausgerufen haben: „Das hat mich drei Minuten lang amüsiert und mich drei Millionen gekostet ." Eine noch feinere und höhere Wassersäule entspringt der Trompete des Ruhms und bricht einen Schauer kristalliner Tropfen 130 Fuß über dem Wasserspiegel hervor; während Miniaturregenbögen ineinandergreifen und eine Aureole um den Kopf der Figur bilden. In der Mitte eines anderen Sees ist Latona zu sehen, wie sie ihre Kinder umarmt, während ihre in Frösche verwandelten Feinde in ohnmächtiger Wut Wasserstrahlen ausspucken, die sich immer wieder kreuzen und Bögen in verwirrender Vielfalt bilden.

Anderswo gibt es nichts Vergleichbares. Die Errungenschaften des unsterblichen Herrn Brock mit dem Feuer wurden von Renato Firmin mit dem widersprüchlichen Element in den Schatten gestellt. Spanien kann sich der besten Wassertechnik der Welt rühmen.

Bevor wir dieses Lieblingshaus Seiner Katholischen Majestät verlassen , lohnt es sich , sich an einige der Ereignisse zu erinnern, deren Schauplatz es war. Am 17. September 1832 wurde Ferdinand VII. lag hier im Sterben. Alle um ihn herum – seine Familie, seine Minister, sogar die Garnison – waren den Interessen Don Carlos ergeben, und selbst sein Beichtvater hörte nicht auf, den sterbenden König zu drängen, die Pragmatische Sanktion aufzuheben und den Ausschluss seiner eigenen kleinen Tochter zu verfügen vom Thron. Königin Cristina blieb angesichts dieses Drucks untätig und verzweifelt. Unter der Führung des Bischofs von León, so heißt es, führte Ferdinand schließlich seine schwache Unterschrift auf das Dekret zurück, das sein Kind enterbte. Der Triumph der Carlist-Fraktion schien abgeschlossen. Plötzlich erschien an den Türen des Palastes die Schwester der Königin, Doña Luisa Carlota, eine Frau von solch einem Geist, dass niemand dort – weder Minister noch Offizier noch Prälat – es wagte, ihr den Weg zum Bett des Königs zu versperren. Das Gericht hallte sofort von ihren schrillen Anschuldigungen über den Mangel an Mut der Königin und über die Schwäche des Königs wider. Sie rief den zitternden Minister Calomarde zu sich und schlug ihm ins Gesicht, als er ihm die Hand reichte. „Weiße Hände verletzen nicht", stammelte der Staatsmann und floh vor der königlichen Mænad . Angesichts eines solchen Sturms gerechter Empörung zogen sich Intriganten und Intriganten zurück. Letztendlich kann Gewalt immer die Maschen des Verrats durchbrechen. Viele derjenigen, die Zeuge dieser denkwürdigen Szene waren, müssen an den wütenden Stier in Madrid gedacht haben, der die geschicktesten Banderilleros und die tapfersten Espadas vor sich herwarf, die Barrieren überwand und eine ganze Bevölkerung zerstreute. Noch vor Einbruch der Dunkelheit wurde das Dekret widerrufen und die Nachfolge der Infantin Isabella durch königliches Dekret erneut bestätigt. Bravo Luisa Carlota!

Vier Jahre später musste sich Cristina, jetzt Regentin, allein und schutzlos einem Mob stellen, angeführt von der Palastwache, der in ihr Zimmer einbrach und lautstark die Wiederherstellung der Verfassung von 1812 forderte. Die Königin fragte ungerührt und taktvoll die Deputation, wenn sie die Verfassung wüsste. Laut dem ehrenwerten John Hay (siehe seine „Kastilischen Tage") antworteten sie: „Nein, aber wir haben gehört, dass es eine gute Sache ist und Salz billiger machen wird." Die Geschichte ist, wie die meisten guten, sicherlich unwahr und kann mit der Legende in Verbindung gebracht werden, dass im Jahr 1893, als in Belgien für ein erweitertes Wahlrecht geworben wurde, einige Bäuerinnen mit Eimern vor dem Rathaus erschienen, um ihren Anteil davon wegzutragen das „Wahlrecht!"

Die einzige andere königliche Residenz, die das Ziel eines Ausflugs von Madrid aus sein kann, ist El Pardo, ein Schießplatz im großen Maßstab, sechs Meilen von der Hauptstadt entfernt. Der hier von Enrique III erbaute Jagdsitz. wurde 1543 durch einen Palast ersetzt. Das Gebäude ist sehr einfach und enthält nur einen einzigen Hof. Die Wände im Innenraum sind mit Wandteppichen nach Entwürfen von Goya (hergestellt in Madrid) und Teniers (hergestellt in Les Gobelins) behangen. Studenten der spanischen Kunst sollten diesen Palast besuchen, um einen Blick auf das beste der wenigen verbliebenen Werke von Gaspar Becerra zu werfen: die Legende von Perseus und Andromeda. Die Kapelle enthält eine Kopie von Ribaltas Altarbild in der Magdalen Chapel in Oxford. Über der Treppe hängt ein schönes Reiterporträt von Don Johannes von Österreich, das Ribera zugeschrieben wird. Nachdem wir diese Kunstwerke besichtigt haben, gibt es in El Pardo kaum etwas, was Sie aufhalten könnte. Die Aufnahmen auf den nebenstehenden Covern sind hervorragend, aber nur wenige meiner Leser werden die Zeit oder Gelegenheit haben, dies selbst zu beweisen.

VII

ALCALÁ DE HENARES

EINUNDZWANZIG Meilen von Madrid entfernt, auf einer Ebene von zweitausend Fuß über dem Meeresspiegel, liegt die kleine Stadt Alcalá de Henares, deren Annalen so eng mit der Geschichte Spaniens verbunden sind, dass sie mehr als eine flüchtige Erwähnung verdient. Im Jahr 1510 war Alcalá eine berühmte Universitätsstadt, die ebenso geschätzt wurde wie Salamanca und von den gelehrtesten Professoren, Ärzten und Studenten dieser Zeit frequentiert wurde. Hier wurde angeblich der große Miguel Cervantes geboren und 1547 in der Kirche Santa Maria getauft. Katharina von Aragon, die erste der Frauen Heinrichs VIII. aus England, stammte aus diesem Ort. Aber schon lange vor dem 16. Jahrhundert war Alcalá de Henares eine bedeutende Stadt, denn die Römer ließen sich hier nieder und gaben dem Zentrum ihren Namen Complutum , während die Mauren zu einem späteren Zeitpunkt die römische Station befestigten und sie „Festung" oder „Burg" nannten.

Ximenez gegründete Universität nach Madrid verlegt wurde, war Alcalá de Henares eine bedeutende Stadt mit über zehntausend Studenten. Bereits im 13. Jahrhundert tagte hier häufig der Hof, um die *Fueros zu verwalten* , und Alcalá war eines der ersten in Spanien gegründeten Bistümer. Cervantes bezeichnet die Stadt seiner Geburt als „das berühmte Complutum "; und Erasmus berichtet in einem Brief an Vives, dass „die Pflege von Sprachen und höflichen Briefen der Universität von Alcalá Berühmtheit verschafft hat , deren wichtigstes Schmuckstück der berühmte und wirklich würdige alte Mann, Anthony de Nebrija , ist, der viele Nestoren überflügelt hat .“ ”

Die Studenten der Alcalá- Universität waren eine sehr fröhliche Gemeinschaft. Es werden viele Geschichten über ihre Ausgelassenheit, ihre Eskapaden und ihr Bohemientum erzählt. Sie waren stolz auf die Nachlässigkeit ihrer Kleidung und sangen an Feiertagen zur Gitarre über zufällig aus den Fenstern geworfene Kupfermünzen. Dennoch gab es in den etwa zwanzig Kollegien viele ernsthafte Studenten, und viele Jugendliche saßen zu Füßen der weisen Lehrer und gelehrten Dozenten, die von Kardinal Ximenez mit der Unterweisung der Schüler beauftragt wurden. Cervantes gehörte zu den Schülern von Alcalá , bevor er nach Madrid ging; aber wir lesen, dass er nicht besonders geneigt war, dem akademischen Kurs zu folgen, und dass er Poesie und Romantik den trockenen Wälzern der Theologie und Philosophie vorzog.

Die alte Universität wurde zunächst an der Stelle des heutigen Colegio de San Ildefonso errichtet, das 1583 erbaut wurde. Zwei berühmte Architekten,

Gumiel und Gil de Hontañon , entwarfen das Gebäude und zeigten großen Geschmack bei der Planung der Fassade und der Innenhöfe. Das Amphitheater , in dem fleißigen Studenten die Ehren des Kollegs verliehen wurden, und die Kapelle sind einigermaßen erhalten und enthalten einige interessante Denkmäler aus der Zeit des Wohlstands und der Kultur in Alcalá . Im Design ist die Kapelle eine merkwürdige Mischung aus Renaissance- und Morisco-Architekturstilen.

Ximenez , korrekter Cisneros genannt, ist eine der beeindruckendsten Figuren in der spanischen Geschichte. Er war ein kluger Politiker, ein tiefgründiger Pietist, ein Förderer der Bildung, ein Asket und ein Vorbild in der Wohltätigkeit. Allerdings war er von Fanatismus befallen, und auf seine Anweisung hin wurden Hunderte alter arabischer Bücher verbrannt, ein Schritt, dessen Sinnhaftigkeit immer noch umstritten ist. Von 1516 bis zu seinem Tod im Jahr 1518 hatte der Kardinal die Regentschaft von Kastilien inne, ein Amt, das den Unmut vieler alter und adliger Häuser im Königreich hervorrief, denn obwohl Ximenez von hoher Geburt war, stammte er aus einer verarmten Familie. Als der Kardinal von den Granden wegen seiner Autorität herausgefordert wurde, führte er eine Abordnung zum Fenster seines Palastes, zeigte auf eine Gruppe bewaffneter Männer im Hof und sagte: „Durch diese Vollmachten regiere ich Kastilien, bis Prinz Carlos eintrifft oder kommen wird." verdränge mich."

Die schlimmste Niederlage der französischen Invasoren in Navarra war auf die Taktik des militanten Kardinals zurückzuführen. Er zerstörte die Festungen, mit Ausnahme von Pamplona, das er nahezu uneinnehmbar machte, und nachdem er die Hauptstadt des Königreichs mit einer Garnison besetzt hatte, trotzte er den Truppen Frankreichs. Ihm verdankte auch Spanien die Gründung einer Miliz oder Bürgerarmee, obwohl diese Einrichtung bei der Bevölkerung wenig Anklang fand. Obwohl Ximenez zweifellos das Studium des Hebräischen und Arabischen in Spanien verhinderte, muss daran erinnert werden, dass seine Energie und sein Eifer die Universität von Alcalá de Henares sicherten und dass er hier die große polyglotte Bibel verfasste, die daher Complutensian genannt wird. Bei den Büchern, deren Verwendung dieser Zensor gestattete, handelte es sich um „Katechismen, solide und einfache Erklärungen der christlichen Lehre und andere Schriften, die dazu bestimmt waren, den Geist des Volkes aufzuklären."

Eine bemerkenswerte Persönlichkeit, die mit der Geschichte von Alcalá de Henares verbunden ist, war der gebildete und liberal gesinnte Nebrija , ein Reformator mit einer ganz anderen Geisteshaltung als Kardinal Ximenez , der sich jedoch als sein großzügiger Beschützer erwies. Antonio de Nebrija war der Erasmus von Spanien. Er verbrachte zehn Studienjahre in Italien und kehrte zurück, um an der Universität von Alcalá zu lehren und das Lernen unter seinen Landsleuten zu fördern. Obwohl Nebrija in bestimmten Kreisen auf heftigen Widerstand stieß, bemühte er sich bis ins hohe Alter um eine Verbesserung der Bildung in Spanien und schaffte es, die Gunst vieler hochrangiger Personen zu gewinnen. Königin Isabella die Katholikin war selbst eine seiner Schülerinnen.

Die Umgebung von Alcalá de Henares ist karg und trostlos; und wenn es nicht die Hügel gäbe, die die Stadt von Norden her abschirmen, wäre es wesentlich kälter und windiger als es ist. Ein Bach schlängelt sich durch die Stadt, und auf diesem grünen Hochland der Sierras wachsen Ulmen und Pappeln; aber die Umgebung von Alcalá kann nicht als Wald bezeichnet werden. In Richtung Meco , einst eine maurische Siedlung, hat das Land einen sanfteren und ländlicheren Charakter, der von zahlreichen Gebirgsbächen belebt wird. Dieses Dorf liegt etwa vier Meilen von Alcalá entfernt .

Der Erzbischofspalast ist eines der Denkmäler des Ortes und dient heute als Aufbewahrungsort für historische Archive. Berruguete und andere berühmte Architekten planten das Gebäude, das über einige interessante Innenhöfe und eine schöne Treppe verfügt und den kunstvollen Trend der Zeit widerspiegelt, in der der Palast entworfen wurde.

Die Colegiata wurde restauriert. Sein Hauptsehenswürdigkeit ist das wunderschöne Denkmal für Kardinal Ximenez von Fancelli , einem italienischen Bildhauer. Juan Francés führte die Reja oder den Schirm der Kapelle in diesem Gebäude aus, und die Heiligen Justo und Pastor, denen die Colegiata gewidmet ist, wurden in der Gruft begraben.

In Santa Maria, einer unscheinbaren Kirche, wurde Cervantes getauft; und auf dem Haus, in dem er geboren wurde , finden wir eine Inschrift mit einer Hommage an sein Genie. Mehrere Städte in Spanien behaupten, der Geburtsort des Autors von „Don Quijote" zu sein, und es ist nicht absolut bewiesen, dass er in Alcalá de Henares geboren wurde. Es besteht jedoch kaum ein Zweifel daran, dass er hier getauft wurde, denn die Register enthalten einen Eintrag über seine Taufe, und da Kinder in Spanien fast unmittelbar nach ihrer Geburt getauft wurden, gibt es vielleicht die stärkste Behauptung, die von ihm aufgestellt wird Stadtbewohner, die behaupten, Alcalá sei „der wahre Geburtsort des unsterblichen Cervantes".

Wir folgen immer noch den Windungen des Flusses Henares und können Guadalajara in einer Bahnfahrt von etwa vierzehn Meilen von Alcalá aus erreichen . Hier wirkt die kastilische Landschaft weniger streng und die römischen und maurischen Assoziationen der Stadt laden den Reisenden zum Verweilen ein. Die Lage von Guadalajara ist erhöht, und die Römer machten es zu einem befestigten Ort und bauten ein Aquädukt auf den Hügeln.

Der Palast des Herzogs del Infantado ist das interessanteste Gebäude der Stadt. Es ist im gemischten Stil der Goten und der versöhnten Mauren gehalten und die Innenhöfe sind wunderschön dekoriert, obwohl ein Großteil der Verzierungen im Inneren durch Alter und Vernachlässigung beeinträchtigt wurde.

Auf unserem Weg von Madrid zu diesen faszinierenden Städten Kastiliens erhalten wir einen Einblick in die strenge Ordnung der natürlichen Umgebung, in der Cervantes aufwuchs. Dies ist nicht „das sonnige Spanien" des Südens, sondern das Spanien der zähen Kastilier und das Land der windgepeitschten Hochebenen, wo die Vegetation spärlich ist und ganze Bezirke ohne Laub und Schatten sind. Die Städte und Dörfer liegen oft in grünen Oasen des trostlosen Hochlandes, aber einige von ihnen liegen inmitten der Felsen dieser kargen Region und sind Schneestürmen und Hurrikanen ausgesetzt. Ohne das Bewässerungssystem, das die Spanier von den Mauren gelernt hatten, wäre die Lage der Bauern auf diesen Hochebenen in der Tat traurig; Aber selbst in den trostlosesten Gegenden wirkt das System der künstlichen Bewässerung des ausgedörrten, von der Sonne ausgetrockneten Bodens Wunder, und hier und da lächeln Getreidepflanzen zwischen den wilden Hügelhängen der Despoblados oder Einöden, und fast überall finden im Sommer Herden Weideland.

VIII

DER STIERKAMPF

DER Ursprung und die Antike des Stierkampfs in Spanien sind ein Thema, das viele Schriftsteller beschäftigt und zu umfangreichen Recherchen und endlosen Diskussionen geführt hat. Es ist sehr wahrscheinlich, dass diejenigen Recht haben, die der Meinung sind, dass dieser Zeitvertreib von den Römern eingeführt wurde, obwohl es zweifelsfreie Beweise dafür gibt, dass die Mauren, wenn sie die *Corrida* oder *Lidia* nicht einführten, ihn übernahmen und Stiere trugen -Kämpfen bis zur Perfektion. Der Sport scheint jedoch eher mit dem Charakter der römischen als der maurischen Eroberer Spaniens übereinzustimmen, denn die Römer besaßen eine Leidenschaft für Kampfszenen in der Arena zwischen Gladiatoren und wilden Tieren, wohingegen es keine so starken Beweise dafür gibt dass die Mauren gleichermaßen Freude an diesen Zirkusleistungen hatten.

Die *Taurilia* der Römer ähnelten den Stierkämpfen, die man heute in jeder größeren Stadt Spaniens beobachten kann. Was auch immer der Ursprung dieser Wettbewerbe sein mag, es ist sicher, dass der Stierkampf seit den Tagen der Mauren die wichtigste Freizeitbeschäftigung aller Bevölkerungsschichten war. In keinem anderen Land gibt es eine Sportart, die in ihrer Bedeutung und der Faszination, die sie auf die Öffentlichkeit ausübt, mit ihr vergleichbar ist. Die Leidenschaft für Pferderennen ist in England nicht allgemein verbreitet, und die Beliebtheit dieses Zeitvertreibs verdankt er zu einem großen Teil den Glücksspielmöglichkeiten, die er bietet. Wenn Sie das Wetten aus dem Spielfeld verbannen, werden Sie feststellen, dass diejenigen, die den Rennsport nur aus Begeisterung für das Aufziehen und Laufen von Pferden „verfolgen", und diejenigen, die das Vergnügen aus dem bloßen Vergnügen heraus genießen, Geschwindigkeitswettkämpfe zwischen Pferden zu beobachten, eine fast unbedeutende Minderheit bilden. In diesem Land, in dem Pferderennen als nationaler Zeitvertreib gelten, ist der Anteil der Bevölkerung, der sich für die Zucht der Pferde, die Reittechnik und den Rennsport an sich interessiert, stark *begrenzt* . Beim Stierkampf in Spanien ist dies jedoch nicht der Fall. Hier ist jeder, vom Adligen bis zum Maultiertreiber, mit allen Spielregeln vertraut, kritisch gegenüber den Heldentaten der Darsteller im Ring und immer bereit, mit Leidenschaft über das spannende Thema zu sprechen .

Der Einfluss, den dieser Zeitvertreib auf die spanische Vorstellungskraft hat, ist so stark, dass er Teil des nationalen Charakters ist, so tief verwurzelt wie die Gefühle der Frömmigkeit und Loyalität und so mächtig wie das Gefühl des Patriotismus. König oder Bauer, Mann oder Frau, jeder gebürtige Spanier ist ein Liebhaber der *Corrida* ; jedes Kind spielt Stierkampf, sobald es laufen kann; und jeder Jugendliche, der als männlicher und wahrer Sohn Spaniens gelten würde, sehnt sich danach, den Mut und die Geschicklichkeit der *Espada nachzuahmen* .

In Spanien wurden Hunderte von Bänden über die Kunst des Stierkampfs, die Geschichte der Arena, das Leben bedeutender *Toreros* und die Aufzeichnungen berühmter Arenen geschrieben. Der Stierkampf hat eine Reihe leidenschaftlicher Chronisten, Dichter und Scharen von Journalisten hervorgebracht und den Pinsel oder Bleistift von Künstlern von der Zeit vor Goya bis hin zu Zuloaga beschleunigt .

Die Zucht von Bullen für die Arena kann als einer der nationalen Wirtschaftszweige Spaniens bezeichnet werden. Adlige sind bestrebt , die Rasse und die Kampfqualitäten der Bullen zu erhalten, und die Aufzucht von Bullen ist die eigentliche Beschäftigung eines Gentlemans. Die schöne Herzogin von Alba, die Freundin von Goya, war eine begeisterte Bewundererin des Sports und eine Bullenzüchterin. Die *Vacadas* oder Zuchtbetriebe Andalusiens produzieren die besten Kampfbullen. Sie gelten im Alter von fünf Jahren, wenn ihr durchschnittlicher Wert etwa 50 £ pro Stück beträgt, als kampftauglich bzw. garantiefähig. Über tausend dieser hochgezüchteten Tiere werden jedes Jahr in den Stierkampfarenen Spaniens getötet, während die Zahl der aufgespießten Pferde weitaus größer ist.

In früheren Zeiten waren Stierkämpfe Nachahmungen der Kriegsführung, an denen der wahre Caballero teilnehmen und sich auszeichnen wollte. Die *Toreros* waren Amateure aus hohen Familien, und mehrere der Könige Spaniens waren erfahrene Vertreter der *Espada- Kunst* . Unfälle und Todesfälle in der Arena waren an der Tagesordnung, manchmal kamen mehrere Ritter während einer einzigen Aufführung ums Leben. Bei allen königlichen *Festen* gehörte ein Stierkampf zum Vergnügen. Wenn ein Prinz geboren oder geheiratet wurde, wurde das Ereignis mit einem großen Stierkampf gefeiert, während die Krönung eines Herrschers immer Anlass für ein glanzvolles Spektakel in der Manege war. In Madrid fanden diese Kämpfe auf der Plaza Mayor statt, einem großen Platz im Zentrum der Stadt. Der Platz ist von mehrstöckigen Häusern mit Balkonen und Arkaden umgeben. Die Panaderia , oder Königliche Bäckerei, diente als königliche Tribüne, und hier versammelte sich der Hof auf den Balkonen, um den Heldentaten der Granden beizuwohnen, die die wilden Stiere mit Lanzen attackierten. Niemand von vulgärem Rang durfte an dem Wettbewerb teilnehmen.

In der Anfangszeit begegnete der Torero dem Stier manchmal mit einem Speer oder zu Fuß, wie auf alten Drucken von Stierkämpfen zu sehen ist. Der Einsatz von Pferden im Ring erfolgte erst später. Oft wurden Hunde auf die Stiere gesetzt, um sie zu räuchern, und bis zum Jahr 1840 wurden Bären und andere Tiere in die Manege eingeführt. Diese *Kämpfe* wurden aufgegeben. In den alten Stierkampfgesetzen lesen wir von „einem großen Kampf zwischen einem großen Elefanten und zwei großen Bullen". Die Hunde waren mutig und auf Stärke und Ausdauer ausgelegt. Oft gelang es ihnen, den Stier an der Nase festzunageln und seinen Kopf niederzuhalten; aber häufig verloren sie ihr Leben an den Spitzen seiner Hörner. Théophile Gautier beschreibt in „Wanderungen in Spanien" diese Bullenhetze durch Hunde.

Trotz der Leidenschaft, die der Spanier schon immer für den Stierkampf an den Tag gelegt hat, wurde dieses Vergnügen mehr als einmal von Kirche und Staat verurteilt. Aber solche Erlasse und Gesetze wurden zurückgezogen, und die Menge drängte sich erneut im Amphitheater . Papst Pius V. erließ im Jahr 1567 eine Proklamation gegen den Stierkampf, doch 1576 erließ Papst Clemens VIII. eine Proklamation gegen den Stierkampf. hob die Maßnahme auf. Zu einem viel späteren Zeitpunkt wurde die *Corrida* von Godoy verboten, aber der Sport wurde wiederbelebt und blüht bis heute weiter. Die Gegner des Rings sind heute in der Minderheit, aber ihre Zahl nimmt langsam zu, und es scheint so etwas wie einen humanitären Kreuzzug gegen diesen Sport zu geben. Der eine oder andere Publizist ist sicherlich gegen den Zeitvertreib.

Dennoch wird die Tauromachie in Spanien sehr langsam aussterben. Der Stierkampf hält die Fantasie der Menschen wie einen mächtigen Zauber in Atem und ist eine tief verwurzelte Institution des Landes, die von Oben und Unten verehrt wird. Erst auf der Plaza de Toros verliert der Spanier seine Beherrschung und seinen Ernst und schreit und jubelt, bis er heiser wird. Der ärmste Bettler Madrids muss einen Tag lang ohne Essen auskommen, um einen Platz beim Kampf zu ergattern. Und was kann die Bewunderung der Bevölkerung für den *Torero schmälern* ? Ist er nicht das Idol der Aristokratie, der Held des Volkes? Er verdient mehr als ein Staatsminister und unendlich mehr als ein großer Schriftsteller. Wenn er einen Stier mit einem geschickten Stoß tötet oder lächelnd den wütenden Angriff des Tieres auf seine baumelnde *Capa aufnimmt* , bebt die Plaza de Toros unter dem Geschrei der Menge. Von *Hidalgos* geschmeichelt , von hübschen *Doñas umworben* , von der Menge applaudiert – der beliebte *Espada* ist der größte Mann Spaniens. Menschenmengen versammeln sich um sein Hotel, um ihm zuzujubeln, wenn er in seinem glitzernden Lametta-Glanz und der Pracht von Seide, Plüsch und Diamanten für den Kampf gekleidet herauskommt.

Bei jeder Unterhaltung werden sechs bis acht Bullen geködert und getötet. Gautier sagt, als er einem Stierkampf in Madrid beiwohnte, seien acht Stiere und vierzehn Pferde getötet und ein *Chulo* leicht verwundet worden. An

Festtagen wurden im 18. Jahrhundert bis zu sechs Stiere morgens und zwölf nachmittags getötet.

Der Ausbildungsort oder die „Universität" der Stierkämpfer befindet sich in Sevilla, und die gewagtesten Schulen der *Toreros* befinden sich im Süden Spaniens. Madrid ist der Schauplatz des Triumphs oder der Niederlage des *Espada* , *denn obwohl die Zuschauer der Corrida* immer bereit sind, dem geschickten Darsteller mit der Lanze oder dem Schwert Beifall zu spenden, sind sie grausam kritisch und zeigen wenig Gnade gegenüber dem Furchtsamen oder stümperhafter Künstler. Sogar die berühmte Bombita , die Madrider Favoritin , hat diese bedrohliche Stille erlebt, die einem schlecht ausgeführten Stoß auf einen Stier von ungewöhnlicher Beweglichkeit folgt. Das Publikum wird Fuentes mit seinem Gold beladen und ihn bis zum Echo anfeuern, wenn er seine Coolness und Geschicklichkeit zeigt, aber das gleiche Publikum wird nicht zögern, den besten Espada, der jemals in den Ring getreten ist, zu zischen, wenn er eine Ungehörigkeit begeht oder *den* Ball verfehlt Gelegenheit eines Augenblicks, einen Stoß der Klinge auszuüben.

Wie in den alten Tagen des Turniers lächeln die schönen Damen dem kühnen *Torero zu und* bevorzugen ihn . Es gibt Fälle von Übergriffen dieser hochgeborenen Gönnerinnen des Sports, die zum Tod der *Espada führten* , die um ihre Zustimmung buhlten. Es wird berichtet, dass eine königliche Dame von einer außergewöhnlich beweglichen Leistung, die ein *Torero* vollbrachte, so fasziniert war, dass sie sich wünschte, diese würde wiederholt werden. Der Wunsch wurde dem Darsteller vermittelt. „Es ist mehr als mein Leben wert ist", sagte er. „Es ist der Wunsch der Dame", antwortete der Bote. Der *Torero* verbeugte sich tief und sagte: „Ich widme mein Leben Ihrer Königlichen Hoheit." Wieder stürmte der Stier; Aber dieses Mal wurde der unglückliche Athlet von den Hörnern des Tieres gefangen und von dort entfernt – eine Leiche.

In England ist es Brauch, von der *Espada* und den Stierkämpfern zusammenfassend als „Matadoren" zu sprechen. Das Wort ist für den Sport völlig unpassend. Wir hören von jungen Herren, die in London Kostümbälle besuchen und als „spanischer Matador" oder „Toreador" verkleidet sind. Ein Stierkämpfer ist in Spanien ein *Torero* im allgemeinen Sinne, obwohl das Wort eigentlich jemanden bedeutet, der den Stier zu Fuß angreift. Der Darsteller mit dem Schwert, der wichtigste Funktionär im Ring, wird als *Espada bezeichnet* ; und der Mann, der das Tier zu Pferd mit einem Speer oder einer Lanze als Waffe angreift, wird *Picador* genannt . Pfeilwerfer werden *Banderilleros genannt* ; Die Träger der bunten Umhänge und die Gehilfen der *Espadas werden Chulos* genannt . Dies sind die Grade der *Toreros* in ihrer Rangfolge.

IX

DIE KUNST DES STIERKÄMPFERS

DIE Plaza de Toros oder Stierkampfarena von Madrid ist ein großartiges Bauwerk, das 1874 von Capra und Rodriguez Ayuso entworfen wurde. Sie ist im maurischen Architekturstil gehalten, mit einer schönen Fassade und einem imposanten Eingangsbogen. Laut einem spanischen Schriftsteller beträgt die Gesamtzahl der Sitze 12.605, andere Autoren geben jedoch 15.000 und 14.000 als Zahl an. Philipp V. baute 1747 die erste Stierkampfarena in Madrid, obwohl er kein begeisterter Stierkampfsportler war. Die Kosten für das heutige Gebäude betrugen 3.000.000 Reales .

Die Sitzplätze sind in Logen und offene Galerien unterteilt, wobei die Logen oder *Palcos de Sombra* – Sitzplätze im Schatten – in den heißen Monaten die beste Position bieten, um die Wettbewerbe zu verfolgen. Im zeitigen Frühjahr ist ein Platz in der Sonne zu bevorzugen, denn in dieser Jahreszeit ist die Luft Madrids besonders schön.

Der Anblick der Plaza de Toros am Tag einer großen *Corrida* hinterlässt einen Eindruck, der so schnell nicht aus der Erinnerung verblasst. In den *Palcos* stecken der Rang, die Schönheit und der Reichtum Madrids, während auf den bescheideneren Plätzen eine große Masse des Volkes zusammengedrängt ist. Die Damen tragen *Mantillas* und Fächer, die die ganze Zeit flattern; und Animation, frei von jeder Spur groben Benehmens , charakterisiert die riesige Menge. Eine angespannte Stille herrscht in der Menge, als der erste Stier des Tages aus dem dunklen *Toril herbeistürmt* und seine fröhlich gekleideten Verfolger in der großen Arena konfrontiert. Während des Kampfes geraten die Zuschauer fast bis zur Raserei in Aufregung. Es ertönt Stimmengewirr und das Geräusch von Stöcken, die auf die Bänke geschlagen werden, ein unbeschreiblicher Lärm, der seinen Höhepunkt erreicht, wenn ein beliebter *Espada dem verwirrten und wütenden Toro* einen geschickten Stich mit der Klinge in den Hals versetzt . Während der Kampf weitergeht, gibt es abwechselnd Kommentare wie „Bravo toro“, wenn der Stier Mut zeigt, und stöhnt und zischt, wenn das Tier Feigheit oder Apathie zeigt. Sowohl der Stier als auch die Männer müssen ihre Rolle mit Eifer, Energie und Tapferkeit spielen, sonst ist die Menge enttäuscht und neigt dazu , ihre Missbilligung auf unqualifizierte Weise zum Ausdruck zu bringen.

Am Tag einer *Corrida* wird Madrid in eine Stimmung freudiger Erwartung versetzt. Die Stadt ist *in vollem Gange* ; Auf den Straßen herrscht Gedränge, und bei der Prozession zur Plaza de Toros sind Fahrzeuge aller Art zu sehen. Eine Stunde lang strömen die Kutschen herein, und die Menschenmenge strömt zu Fuß zu den Sitzreihen. Über ihnen ist der leuchtende Himmel und eine brennende Sonne, die alles erhellt, worauf sie scheint. Tausende Fans winken; Tausende dunkler Augen leuchten aus den *Palcos* . Plötzlich beginnt die Musik, aus dem großen Orchester erregt eine mitreißende Luft die Arena und übertönt fast die Stimmen der Menge. Man fühlt sich an eine Szene im Amphitheater aus der Zeit der Pracht Roms erinnert, als Gladiatorenkämpfe eine große Schar aller Klassen der Bevölkerung anzogen, denn die gleiche Liebe zum Wagemut und zur Beweglichkeit beherrscht noch immer die Leidenschaft des Volkes und der Die gleiche Gleichgültigkeit zeigt sich, wenn Blut fließt.

Das Turnier beginnt mit einem imposanten Umzug der Stierkämpfer, gekleidet in der ganzen Pracht ihrer Galakostüme, in denen Lametta, Pailletten und Goldborten reichlich glitzern. Vor der Truppe der *Toreros reiten* zwei *Alguaciles* , also berittene Männer in einem früheren Polizeigewand . Als nächstes folgen die beiden *Espadas* , *die* heute in der *Corrida* die Hauptrolle spielen , gefolgt von den *Picadores* oder Speerkämpfern, die mit Polstern und Beinschützern gut geschützt sind. Als nächstes kommen die *Banderilleros* oder Pfeilwerfer, eine flinke Truppe aus heller Seide und Samt, und die Nachhut der Prozession bilden *Muleteros* , die fröhlich gefangenen Maultiere, mit denen die Leichen der Stiere aus der Arena gezogen werden.

Ein Signalhornton ertönt wie eine Herausforderung, und der Präsident wirft den Schlüssel zum *Toril* , der Stierhöhle, in die Arena. Der Ring ist jetzt von allen Kämpfern befreit, mit Ausnahme eines Trios von *Picadores* , die rittlings auf ihren elenden Nörglern sitzen und auf den Eintritt des Stiers warten. Inmitten der Stille stürmt *Toro* in die Arena, ein riesiges schwarzes Tier mit länglichen Hörnern, einem dicken, bulligen Hals, einem glatten, glänzenden Fell und einem Paar blitzender, wütender Augen. Er scharrt mit den Pfoten auf dem Boden und schnaubt, und als er die bunten Farben der *Picadores* erblickt , senkt er den Kopf und greift sie an. Sein Angriff wird mit der stumpfen Spitze der *Garrocha* oder des Speers empfangen; und erzürnt über den Schmerz hält er inne, peitscht mit dem Schwanz und überlegt einen zweiten Angriff. Möglicherweise ist der Stier nicht besonders wild oder mutig. Er hat ein ruhiges Leben in der Ebene geführt und ist dem Hirtenjungen gefolgt, wie Schafe einem Hirten folgen. Aber heute muss er kämpfen und sterben, und wenn er beim Anblick seiner Angreifer gleichgültig ist, müssen Mittel eingesetzt werden, um ihn zu verärgern.

Aber ein tapferer Bulle braucht keinen solchen Anstiftung zur Wut. Er ist auf jeden wütend, empört über das ganze Vorgehen und greift die *Picadores* mit ungeheurer Heftigkeit an. Manchmal wird ein Reiter vom Pferd abgesetzt und ist, behindert durch seine Polster und Protektoren, in Gefahr, bis die Begleiter die Aufmerksamkeit von *Toro ablenken* .

Die unglücklichen Pferde sind die schlimmsten Leidtragenden, denn sie können dem Ring nicht entkommen. Sie dienen als Griffe für die Hörner des Stiers; Sie werden häufig aufgerissen und manchmal von den Hörnern ihres wahnsinnigen Feindes von den Füßen gehoben. Für englische Augen ist es ein herzzerreißender Anblick, ein trauriges altes Pferd zu sehen, das dem Menschen sein ganzes Leben lang geduldig gedient hat, bis es von den scharfen Hörnern des Stiers gedrängt wird, um seine grausamen Schützlinge aufzunehmen. Die verwundeten Pferde liegen zitternd und erschöpft im Ring; ein Ausdruck des Flehens und des Leidens in ihren Augen erfüllt den ungewohnten Betrachter mit Mitgefühl, und der Anblick ihrer schrecklichen Verletzungen macht den Sensiblen krank.

die *Banderilleros* , bewaffnet mit stählernen Stachelpfeilen, geschmückt mit farbigen Papieren, und mit Kühle und Geschicklichkeit nähern sie sich *Toro* und werfen ihre stechenden Geschosse auf seinen Hals und seine Schultern. Der Stier zuckt zusammen, schüttelt den Kopf und wendet sich gegen seine Peiniger. Er jagt einen von ihnen durch den Ring; Der verfolgte *Banderillero* springt über die hohe Holzbarriere, und die Hörner des Stiers hallen mit dumpfem Krachen gegen das Holz. Ein weiterer Pfeilwerfer rennt heran und sticht dem Stier geschickt seine Waffen ins Fleisch. Wieder *Toro* dreht sich um, und während er mit gesenkten Hörnern rennt, stellt sich ein dritter *Banderillero* in seinen Lauf, springt im entscheidenden Moment zur Seite und feuert seine Pfeile ab.

Ein erfahrener *Banderillero* wird auf einem Stuhl sitzen und auf den Ansturm von *Toro warten* . Die Beweglichkeit und der Wagemut dieser Künstler sind außergewöhnlich. Ist der Stier apathisch, werden drastische Mittel eingesetzt, um seinen Zorn zu schüren. Die *Banderillas de Fuego* , oder Feuerpfeile, werden verwendet, um seine Wut zu erregen. Diese Reizinstrumente sind mit Sprengstoff versehen, der den Stier durch seinen Lärm und seinen Stich erschreckt und wütend macht. Hin und wieder springt ein flinker und rasender Stier, wenn er einem *Banderillero nachjagt* , sogar über die hohe Absperrung der Arena, was bei den Zuschauern große Bestürzung hervorruft. Manchmal wird ein mutiger Stierkämpfer mutiger und fordert den Stier mit allen erdenklichen Mitteln heraus, bis er in einem tödlichen Moment einen Hornstoß erhält und blutend zu Boden fällt.

Bevor sie die gefährliche Arena betreten, empfangen die *Toreros* das Sakrament vom Priester, der bei Stierkämpfen immer anwesend ist. Während der *Corrida* wartet der *Padre in der Kapelle der Plaza de Toros und ist bereit, sich bei Bedarf um einen Kämpfer zu kümmern, der sterbend vom Tatort getragen wird.*

Der letzte große Akt des Dramas ist die *suerte de matar* . Dann betritt der *Espada* den Ring und trägt sein rotes Tuch über einen Arm, während der andere Arm mit dem Schwert beschäftigt ist. Der *Espada* verneigt sich vor dem Präsidenten, dreht sich um und steht dem Stier gegenüber, der nun etwas erschöpft ist von der Übung, die *Banderilleros* zu jagen und auf die Pferde der *Picadores einzuschlagen* . Der Stier, dessen Hals von den Pfeilen sträubt, steht da, bewegt langsam seinen Schwanz und starrt seinen neuen Angreifer in mürrischer Wut an. Mit der *Muleta* , *dem roten Tuch, schwenkend,* geht der *Espada zum Toro* und wedelt ihm unverschämt mit dem Tuch ins Gesicht. Der Stier greift an; Der *Muleta* erhält seine Hörner und wird in die Luft geworfen, während der *Espada* zur Seite hüpft. Immer wieder versucht der Stier, den Mann aufzuspießen, doch es gelingt ihm nur, den *Muleta zu treffen* . Verblüfft und verärgert hält *Toro* inne, als würde er nüchtern nachdenken. Wie kann er diesen lächelnden, ruhigen Angreifer überlisten, der ihn mit einem unverschämten Blick fixiert? Der Stier geht um die regungslose *Espada* herum und versucht sozusagen, eine Schwachstelle für einen Angriff zu finden, aber der Schwertkämpfer verfolgt jede Bewegung mit einem scharfen und geübten Auge und errät sogar, welche List der Stier anwenden will.

Es ist eine wunderbare Demonstration von Coolness und Mut. Es gibt Momente im Kampf zwischen dem Stier und der *Espada* , in denen sich tiefe Stille unter den Zuschauern ausbreitet; und dann, als der Mann dem heranstürmenden Tier ausweicht, ertönt ein ohrenbetäubendes Gebrüll aus der Menge. Der letzte Akt wird nach Ermessen des *Espada in die Länge gezogen* , der stets erfreut ist, seinen Tausenden von Bewunderern in den *Palcos* und Galerien seine Klugheit und Beweglichkeit zur Schau zu stellen. Ein Meister der *Espada- Kunst* verfügt über ein umfangreiches *Repertoire* an Tricks und Schwertbewegungen, die er gerne zur Schau stellt, und er wird am Nachmittag ein Dutzend Mal sein Leben riskieren, um sein Können und Können unter Beweis zu stellen. Oft ist der Stier dumm. Er muss dazu gebracht werden, seinen Mut unter Beweis zu stellen. Aber normalerweise *Toro ist bereits wütend vor Wut, als er zum letzten Duell mit der Espada* aufgefordert wird . Es ist merkwürdig, wie die *Muleta* den Stier erzürnt, der sie anscheinend mehr hasst als die *Banderillas* oder den Hecht des *Picador* .

Schließlich beschließt die *Espada* , *dass Toro* sterben soll. Es gibt nur einen legitimen Weg, ihn zu töten. Der Stoß muss im Nacken erfolgen und die Schwertspitze sollte das Herz erreichen. Vor diesem Todesstoß herrscht auf der Plaza eine Stille und Anspannung. Wird die *Espada* einen Fehler machen oder wird die Klinge beim ersten Stoß ins Ziel kommen? Auf den Gesichtern der Menge liegt eine gespannte Aufregung. Und nun macht der Stier seinen letzten stürmischen Ansturm; Im Sonnenschein blitzt Stahl auf, und das Schwert durchdringt die schwarze Haut, und die Klinge verschwindet bis zum Heft. *Toro* taumelt, dreht sich um und führt einen letzten Angriff auf die *Espada durch* , nur um die *Muleta* auf seinen Hörnern zu hören. Der Stier fällt und Blut strömt aus seiner Wunde. Unter tosendem Applaus liegt er im

Sterben. Ein Diener erscheint mit einem Dolch mit schmaler Klinge. Er beugt sich über den Stier und stößt die Waffe in die Wirbelsäule, nahe am Kopf. Mit einem Schauder *stirbt Toro* . Während der Stimmengewirr über den Kampf spricht, werden die Maultiere in den Ring getrieben, Spuren an den Hörnern des toten Stiers angebracht und die Leiche herausgezerrt; und kaum kommt es zu einer Pause, wird ein weiteres Opfer in die Arena geschleudert.

In „Childe Harold" hält Lord Byron seine Eindrücke von einem Stierkampf fest:

„Dreimal erklingt die Klarinette; siehe! Das Signal fällt,
die Höhle dehnt sich aus und die stumme Erwartung
klafft um die bevölkerten Wände des stillen Kreises.
Fesselt mit einer peitschenden Feder das mächtige Tier,
und mit wildem Blick verschmäht es mit lautem Fuß
den Sand, noch stürzt er sich blindlings auf seinen Feind;
Hier und da richtet er seine bedrohliche Front passend zu
seinem ersten Angriff aus und wedelt weithin mit seinem wütenden
Schwanz hin und her
; Rot rollt über das erweiterte Leuchten seiner Augen.

Vereitelt , blutend, atemlos, wütend bis zum letzten Mal,
steht der Stier
mitten in der Mitte und wehrt sich – „Mitten in der Wunde, mit scharfen
Pfeilen und mit scharfen Lanzen , und
im brutalen Kampf kampfunfähig gemachte Feinde:
Schüttle den roten Umhang und halte dich bereit." die fertige Marke;
Noch einmal bricht er durch alles hindurch seinen donnernden Weg –
Vergebliche Wut! Der Mantel verlässt die Conynge- Hand,
umhüllt sein wildes Auge – es ist vorbei – er sinkt in den Sand!"

Jeder Literat, der Madrid besucht hat, vom Chevalier de Bourgoanne bis zu Herrn Arthur Symons, hat uns seine Eindrücke vom Stierkampfsport mitgeteilt. De Bourgoanne schreibt in seinen „Reisen durch Spanien" (1789) über die Härte, mit der die Zuschauer der Madrider Stierkämpfe etwaige Mängel der *Toreros* kritisierten . Über den letzten Akt der *Corrida* sagt der Chevalier: „Wenn das Tier sofort fällt, wird der Triumph des Siegers mit tausend Jubelrufen gefeiert; aber wenn der Schlag nicht entscheidend ist, wenn der Stier überlebt und erneut versucht, dem tödlichen Messer zu trotzen, wird das Gemurmel nicht weniger zahlreich sein. Der *Espada* , dessen Adresse in den Himmel gerühmt werden sollte, gilt nur als tollpatschiger Schlächter. Er bemüht sich sofort , sich von seiner Schande zu erholen und die Strenge seiner Richter zu entkräften."

De Bourgoanne stellte fest, dass die Madrileños in ihrer Bewunderung für die beiden berühmten *Espadas* dieses Tages gespalten waren. Eine Gruppe schwörte auf Costillares ; ein anderer erklärte, dass Romero der bessere Vertreter der Tauromachie-Kunst sei. Dieser übertriebene Enthusiasmus der Madrider Bevölkerung, der durch den Stierkampf hervorgerufen wurde, verwirrte den französischen Reisenden sehr ; aber er gibt zu, dass es dem Spanier trotz der Gleichgültigkeit, die die Zuschauer bei der *Corrida an den Tag legten* , weder an Mitgefühl mangelt noch „jede liebenswürdige und zarte Emotion fehlt". Er berichtet, dass sich die Regierung „der moralischen und politischen Unannehmlichkeiten dieser Art von Raserei" bewusst war und die Ökonomen erklärten, dass die Vernichtung so vieler robuster Bullen schädlich für die Landwirtschaft sei. „Der regierende Monarch", schreibt der Chevalier, „der sich bemüht , die Manieren seiner Nation zu verbessern und ihre Aufmerksamkeit auf nützlichere Ziele zu lenken, möchte in ihr eine Neigung zerstören, in der er nichts als Unannehmlichkeiten wahrnimmt; aber er ist zu weise, um gewalttätige Mittel anzuwenden."

Ein amerikanischer Reisender schrieb 1831 anonym, dass ein Stierkampf immer mehrere tausend Menschen auf die Plaza lockte. Im Winter, so dieser Beobachter, hätten die *Corridas* die Form von Kämpfen mit jungen Bullen angenommen, deren Hörner mit Polstern oder Bällen bedeckt waren. Diese Bullen wurden *Novillos Embolados* genannt und von Anfängern und Amateuren geködert. Dieser Autor beschreibt die tragische Begegnung eines bemerkenswerten *Torero* , bekannt als El Sombrerero , der so genannt wurde, weil er ein Hutmacher gewesen war. El Sombrerero war zu seiner Zeit der beste *Espada* Spaniens und pflegte die tapfersten Leistungen im Ring zu vollbringen. Er kämpfte einmal gegen einen außergewöhnlich wilden Stier, der bei einem Angriff plötzlich auswich und seinen Gegner mit der Spitze seiner Hörner erwischte. Die *Espada* wurde abgenommen und in einem Zustand der Bewusstlosigkeit aus dem Ring getragen. Er erholte sich von seinen Verletzungen und beschloss, den Stierkampf aufzugeben und zu seinem Hutmacherhandwerk zurückzukehren. Doch der geringe Verdienst dieser Beschäftigung befriedigte ihn nicht und El Sombrerero kehrte in die Reihen der Stierkämpfer zurück. Er hatte jedoch die Nerven verloren, und in einem Kampf bei Granada wurde er wegen seiner Schüchternheit, einen sehr wilden Stier anzugreifen, beschimpft.

Manuel Romero war einer der beliebtesten *Toreros* im Jahr 1830. Er war ein kleiner, ziemlich kräftiger Mann, aber gut gebaut und äußerst flink. Seine Gesichtszüge hatten „einen Hauch kaltblütiger Wildheit, wie es sich für jemanden gehörte, dessen Aufgabe es war, Gefahren auf sich zu nehmen und Tod zu bringen." Romero trug im Ring ein sehr prächtiges Kleid mit viel Spitze und Schmuck .

Théophile Gautier beschreibt eine *Corrida* mit der Begeisterung eines Menschen, der an dem Spektakel echte Freude hat. Es ist etwas merkwürdig, dass Menschen mit verfeinerten Instinkten den Leiden von Pferden und Stieren unbekümmert zusehen können; aber die menschliche Natur weist solche einzigartigen Anomalien in Hülle und Fülle auf. Gautier erzählt, wie Sevilla, ein berühmter *Picador*, sein Pferd von den Beinen hob und vom Stier in die Luft schleuderte, während der Reiter seine Ruhe bewahrte und seinen Sitz im Sattel behielt. Antonio Rodriguez war ein gefeierter Picador dieser Zeit (1840), und Gautier würdigt seinen Mut und seine außergewöhnliche Beweglichkeit. Der Favorit *Espadas* dieses Datums waren Juan Pastor und Joaquin Rodriguez.

Lässt der Mut des spanischen *Torero* nach? Es gibt einstige *Liebhaber* des Stierkampfs, die behaupten, dass die Kunst nicht mehr so aufregend, wissenschaftlich und gut erforscht sei wie in früheren Zeiten, und doch ist das faszinierende Interesse, das den *Corridas* in allen Teilen der Welt gewidmet wird, kaum zurückgegangen Halbinsel. Prosper Mérimée unterstützt in seinen „ Lettres à une Inconnue" aus dem Jahr 1859 die Ansicht, dass sich der Stierkampf verschlechtert hat. Er schreibt: „Ich war am Montag bei einem Stierkampf dabei, und es hat mich tatsächlich ein wenig amüsiert. Ich hatte das Pech, viel zu früh im Leben zu wissen, zu welchem Grad an Exzellenz dieser Sport gelangen kann, und nachdem ich Montes gesehen habe, kann ich seine degenerierten Nachfolger wirklich nicht mit Freude betrachten. Auch die Tiere sind degeneriert, ebenso wie die Menschen."

Zweifellos gibt es in Spanien noch viele fähige Vertreter des Stierkampfs, und Schriftsteller gibt es in Hülle und Fülle, die wahrscheinlich beweisen könnten, dass der Sport so mitreißend ist wie eh und je. Wir, die wir Montes und Romero und andere tote Helden der Plaza de Toros nicht gesehen haben, können kaum entscheiden, ob die Kunst des Stierkämpfers degeneriert ist. Wenn man den Wagemut des *Espada* von heute in Frage stellt, muss man sagen, dass es zwar Männer gibt, die regungslos wie Statuen dastehen und sich von einem wütenden Stier beschnüffeln lassen, und dass es andere gibt, die dem Ansturm bewegungslos gegenüberstehen einen Stier zu töten und das Tier mit der Spitze des Schwertes zu empfangen, gibt es immer noch Kämpfer, die bereit sind, ihr Leben zu riskieren, um ihre Unerschrockenheit zur Schau zu stellen. Es gibt noch einige *Toreros* , die das gefährliche Kunststück vollbringen, mit einer Stange über den Stier zu springen, und viele, die sich einem tödlichen Stoß mit den Hörnern aussetzen, während sie die Pfeile in den Hals des Tieres bohren. Die Coolness mehrerer führender Stierkampfprofessoren ist unbestritten, und es lässt sich nicht leugnen, dass die Gönner der Arena immer noch keine hohen Ansprüche an haarsträubende Darbietungen stellen.

Es ist vielleicht richtig zu sagen, dass den Pferden etwas mehr Sympathie entgegengebracht wird als in den alten Tagen der *Lidia*. Viele Spanier äußern Abscheu beim Anblick der zerfleischten Kadaver der erbärmlichen, erschöpften Pferde, die gezwungen sind, ihr hartes Leben auf diese grausame Weise zu beenden. Aber Ihr wahrer *Liebhaber* hat keine Skrupel des Mitleids und wird behaupten, dass ein Bulle nicht in Bestform kämpft, bis er gesehen hat, wie Blut fließt.

Der vielleicht größte aller Stierkämpfer war Frascuelo. Die Spanier erklären, dass kein *Torero* seinen Platz eingenommen habe. Guerra, sein Rivale, war ein guter Kämpfer, aber er ist in den Ruhestand getreten und lebt in Cordova von seinen Lorbeeren. Frascuelo war der Anführer dessen, was man die waghalsige Schule der Stierkämpfer nennen könnte. Er war dem Stier immer nahe und bemühte sich, die gewagtesten *Espadas* seiner Zeit zu übertreffen. Bombita oder Bombita -Chico ist ein junger *Torero* von großem Mut und besonders beliebt in Madrid, wo er geboren wurde.

Mazzantini ist nur noch gelegentlich auf der Plaza de Toros zu sehen. Er ist ein großer, standhafter Mann, aber er hat seine Blütezeit hinter sich, obwohl er von seinen Bewunderern immer noch als der beste Kämpfer Spaniens geschätzt wird. Conejito, der 1903 in Barcelona verwundet wurde, ist ein weiterer Publikumsliebling. Aber der erste Vertreter des Stierkampfes ist nach Meinung der Mehrheit der gutaussehende und mutige Fuentes. Dieser *Torero* ist nicht nur ein geübter *Espada*; Er spielt alle Rollen im Ring außer der des *Picador*. Fuentes übt eine seltsame Macht über seine Bullen aus. Er fixiert den Stier mit seinen scharfen Augen, als er sich ihm nähert, und tritt zurück, langsam gefolgt von dem wütenden und faszinierten *Toro*, in dessen Nacken er absichtlich einen Pfeil steckt. Der Zauber der Augen dieses Mannes hat einen subtilen Einfluss, der einen Stier völlig zu verwirren scheint. Immer wieder drängt der Stier zum Angriff, wendet sich dann aber dem grellen Blick der *Espada zu*.

Bombitas Lieblingskunst besteht darin, auf dem Boden zu knien und dem Stier die Muleta *vor* dem Gesicht zu schütteln. In einer solchen Position ist es für den *Espada* natürlich fast unmöglich, zur Seite zu springen, wenn der Stier angreift, und die Kunst des Tricks besteht darin, die Hörner auf dem roten Tuch zu empfangen. Guerra, manchmal auch Guerrita genannt, ließ den Stier so nah an ihm vorbei, dass seine Seite oft von der Spitze des Horns zerkratzt wurde.

Jede List und jedes Kunststück des *Espada* im letzten *Suerte* des Rings hat seinen technischen Namen, wie zum Beispiel „*pase de pecho*", „*pase natural*" und „*paso por alto*", und alle diese Tricks werden von der großen Menge an Zuschauern genau beobachtet und kritisiert. Fuentes hat fachkundig über die Theorie und Praxis seiner Kunst geschrieben und die verschiedenen

Phasen detailliert beschrieben. Wer sich für die Literatur über die Stierkampfarena interessiert, findet in Los Toros, einer illustrierten Broschüre, einen vollständigen Bericht über das Leben des Stiers von den ruhigen Tagen seiner Jugend in der Prärie bis hin zur letzten tragischen Szene auf *der* Plaza von E. Contreras und R. de Palacio. Ausführlichere und fortgeschrittenere „ tauromachische " Literatur kann in Madrid erworben werden. Zu den bemerkenswerten Werken zählen Bedoyas *Historia del Toreo* , *Annales del Toréo* von Velazquez und *En la Plaza* von Pascual Millan. Es gibt mehrere Magazine und Zeitschriften, die von Sportbegeisterten viel gelesen werden, wie zum Beispiel *La Lidia* und *El Toréo* . Stierkämpfe sind in Madrid und in der *Literatur ein immer wiederkehrendes Thema Taurina* , herausgegeben in der Stadt, würde viele Bücherregale füllen.

Pascual Millan beschreibt den Stierkampf als „ein großes Spektakel, bei dem Kunst, Tapferkeit, Adel, Licht, Sonne, Farbe , Lebendigkeit und Schönheit eine Rolle spielen". Dieser Autor behauptet, dass die Theorien des Stierkampfs selten in die Praxis umgesetzt werden können, da es in der Kunst nichts Stabiles oder Festes gibt. Pepe- Illo , ein berühmter *Espada* , schrieb eine Abhandlung über das Verhalten des Kämpfers in der Arena, die äußerst interessant war; aber wenn seine Ansichten in die Tat umgesetzt worden wären, hätten sie „jeden Stierkämpfer von der Arena ausgeschlossen". Señor Millan hält Regeln für unmöglich; dass alles, was im Ring getan wird, das Ergebnis einer spontanen Inspiration ist. Lagartijo fasst die Sache so zusammen: „Stierkampf ist sehr einfach: Man stellt sich vor den Stier, der Stier kommt und man entfernt sich; Du gehst nicht weg, dann zieht dich der Stier weg. Und da bist du."

Die Anweisungen, beiseite zu treten, wenn die Bullenvorwürfe erhoben werden, sind klar genug, und der Rat liegt auf der Hand. Aber in der Methode, den Hörnern des Stiers auszuweichen, liegt die Kunst des *Espada* , und in dieser Bewegung offenbart er sein Genie und zeigt Geschicklichkeit, Anmut und Wagemut. Kein erfahrener Künstler erlaubt *Toro* jemals, ihn durch den Ring zu jagen. Er springt zur Seite, als der Stier auf ihn zustürmt, und erhält den wütenden Angriff des Tieres auf das flatternde *Maultier* . Manchmal wird das rote Tuch hoch über den Hörnern des Stiers geschwenkt, was dazu führt, dass sich das Tier auf den Hinterbeinen aufrichtet in einem wilden Versuch, seine Wut an dem beleidigenden *Muleta* auszulassen . Ein erfahrener *Torero* weiß genau, dass der Stier seine Wut eher auf das flatternde Tuch oder den Umhang richtet als auf den Mann, der es manipuliert.

Der kühnste aller Stierkämpfer, Espartero, stellte sich einem angreifenden Stier so tapfer in den Weg, dass er mehr als einmal von einem heftigen Stoß aus den Hörnern des Tieres mehrere Meter weit geschleudert wurde. Dieser Kämpfer pflegte, seine Fäuste auf den Kopf des Stiers einzusetzen, und seine Methode bestand immer darin, aus nächster Nähe zu kämpfen. Es hieß,

Espartero habe mehr Angst vor Hunger als vor dem Tod durch die Hörner eines Stiers; und in seinem Streben nach Ruhm und Reichtum warf er im Ring ständig Tragödien vor und benahm sich mit rücksichtslosem Wagemut. Espartero wurde 1894 bei einem Kampf mit dem ersten Bullen des Tages getötet.

Guerra ging 1899 in den Ruhestand, und sein Abschied löste bei den *Liebhabern* des Stierkampfs großes Bedauern aus, die erklärten, er sei der letzte der großen *Toreros* . Pascual Millan, der Chronist des modernen Stierkampfs, behauptet , dass die Nachfolger von Guerra hinsichtlich der Raffinesse und Anmut ihrer Darbietungen nicht mit ihm verglichen werden können. Er stellt Antonio Fuentes in den Vordergrund, „den einzigen, der mit einem gewissen Fundament in den Ring kam und eine gewisse persönliche Note mitbrachte, die ihn ein paar Zentimeter über das übliche Niveau erhob." Zu den lebenden Vertretern der *Espada- Kunst* zählen Torerito , Torres, Reverte , Ronal, Algabeño und vor allem „ Bombita ".

Die *Corrida* scheint im Leben Spaniens eine unangemessene Bedeutung zu haben. Es ist jedoch als Ausdruck des spanischen Charakters zu betrachten, und der Stierkampf in Madrid kann nicht als bloße Erholung des Pöbels abgetan werden. Der Stierkampf wird von einem ernsthaft denkenden Volk ernst genommen und gilt als eine der großen Institutionen des Landes. Es ist ein Überbleibsel des kriegerischen Temperaments, ein Ausdruck der Liebe zum Mut und der Bewunderung für Ausdauer und bleibt als letztes Überbleibsel der Traditionen des Ritterzeitalters in Spanien bestehen.

Dieser große Enthusiasmus, dieses tiefe Interesse an der Tötung von Bullen verwirrt den Ausländer, der den Sport nicht so ernst nehmen kann. Es ist eine fast ebenso ernste Angelegenheit wie ein Kanoniker der Kirche, ob ein *Espada* das Schwert in Übereinstimmung mit der Tradition des Ringes führt. Die Autoren, die sich mit dem Stierkampf befassen, sind in Schulen von Kritikern und Lobrednern eingeteilt, die jeden *Schritt genau analysieren oder die* „ Ästhetik " eines fertigen Künstlers mit den Pfeilen oder dem Schwert preisen . Es gibt Bände ernsthafter Literatur über die *Lidia* , die den Fremden, der sie liest, in Erstaunen versetzen. In der Sportliteratur Englands gibt es nichts Vergleichbares. Unsere Bücher über die Jagd oder den Rennsport sind nicht mit dem gleichen Ernst und Eifer geschrieben wie Abhandlungen über Glaubensfragen; aber die Taurin-Monographien Spaniens sind in der Stimmung der Frömmigkeit verfasst, und die Regeln des Rings sind so niedergelegt, als wären sie Artikel eines Glaubensbekenntnisses. Wenn ein berühmter Jockey auf der Straße erscheint, wird er nicht von einer Menge Bewunderer umzingelt; aber der *Espada* in Spanien wird überall als großer Held und Liebling des Volkes gefeiert.

Der Stierkampf ist eine tief verwurzelte Leidenschaft der Spanier und muss bei jeder Untersuchung des spanischen Charakters berücksichtigt werden. Auf seine Ethik und seine soziologische Bedeutung kann hier nicht eingegangen werden. Wir müssen die *Corrida* , ob wir sie gutheißen oder nicht, als eine der wichtigsten Institutionen der spanischen Hauptstadt akzeptieren . Madrid ist das Mekka des Stierkämpfers.

X

CAFÉ-LEBEN DER MADRILEÑOS

IN allen Teilen Spaniens ist das *Café* ein beliebter Treffpunkt und Treffpunkt für Freunde. Hier kamen alle Klassen zusammen, um Neuigkeiten zu besprechen, den neuen Stierkämpfer zu kritisieren , einen Lieblingstänzer zu preisen, Geschäfte abzuwickeln, Domino oder Dame zu spielen, Zeitschriften zu lesen, Kaffee zu trinken und Zigaretten zu rauchen. Viele Stunden des Tages widmet das Madrileño dem *Café* . Er geht regelmäßig dorthin, um sich morgens *eine Erfrischung* zu gönnen, und abends noch einmal, um seinen Kaffee mit einem Schuss Spirituose zu trinken.

Die *Cafés* sind komfortabel und bedienen unterschiedliche Kundengruppen. Sie sind nie prunkvoll geschmückt; Aber wie Gautier feststellte, „wird dieser Mangel an Pracht durch die Qualität und Vielfalt der Erfrischungen reichlich ausgeglichen." Gautier erwähnt unter anderem das Café de Levante, und dies ist immer noch ein beliebter Ferienort für Männer in der Stadt. In der Calle de Alcalá befinden sich drei repräsentative Kaffeehäuser, das Café de Madrid, das Café Suizo und das Café de Fornos . Das Café Inglés befindet sich in der Calle de Sevilla. Die Erfrischungshäuser an der Puerta del Sol sind der Treffpunkt aller Arten von Madrider Charakteren, vom Diplomaten bis zum professionellen Betrüger. Von neun Uhr abends bis zwei Uhr morgens sind diese *Cafés* überfüllt. Das übliche Getränk ist *Café con leche* (Kaffee mit Milch) oder schwarzer Kaffee mit einem Tropfen Cognac. Leichte Weine und Spirituosen werden ebenfalls angeboten, diese werden jedoch von der Mehrheit der Madrileños sparsam verwendet , denn was auch immer die Fehler der Spanier sein mögen, übermäßiger Alkoholkonsum gehört sicherlich nicht dazu.

Um die Aufmerksamkeit der Kellner in den *Cafés zu erregen* , klatscht man in die Hände oder macht ein zischendes Geräusch zwischen den geschlossenen Zähnen. Der Kaffee ist normalerweise ausgezeichnet und die Spirituose wird Ihnen in einer Flasche mit Maßangaben geliefert. Den Menschenmassen in den Madrider *Cafés* fehlt die Bildhaftigkeit derjenigen in einigen kleineren Städten Kastiliens, Murcias und Andalusiens, wo noch immer die Kleidung der Provinz getragen wird. In der Hauptstadt werden Sie keine Majas sehen; Die Grisetten von Madrid sind vom Rest der weiblichen Bevölkerung nicht zu unterscheiden. Die *Capa* wird jedoch immer noch von Männern fast aller Stände getragen, und diese und die breitkrempigen Hüte verleihen dem Gedränge in den Kaffeehäusern der Puerta del Sol einen Hauch von Romantik.

Es gibt Weinhandlungen und Tavernen in Madrid, aber die Sitze sind nicht luxuriös, und es gibt keine Ausstellung von geschnitztem Mahagoni und graviertem Glas und keine Trennung der Klassen. Die „Unterkunft" mag etwas unhöflich sein; Dennoch ist der Wein gut und billig, und der Ton und die Atmosphäre der *Posada* sind gesünder als die des Londoner Wirtshauses. Ein Glas Wein des Landes gibt es in diesen Tavernen für einen Penny zu kaufen, und die besten Weine kosten nur ein paar Pence pro Glas. Riesige Weinfässer flankieren die Wände und hinter der Theke stehen eine Reihe von Spirituosen- und Fruchtsirupflaschen.

Die wichtigsten Hotels von Madrid sind das Hotel de la Paz, das Hotel del Universo , das Roma und das Hotel de Paris. Sie sind zentral gelegen und recht gut ausgestattet. Die Mahlzeiten sind *Almuerzo* und *Comida* , entsprechend Mittag- und Abendessen. In Spanien gibt es keine Mahlzeit, die dem herzhaften englischen Frühstück ähnelt. Der Spanier nimmt beim Aufstehen eine Tasse Schokolade und ein trockenes Brötchen und geht seinen Geschäften oder seinem Vergnügen nach, bis um elf oder zwölf Uhr *Almuerzo* , die erste richtige Mahlzeit des Tages, serviert wird.

Einige der spanischen Gerichte sind für Engländer erst dann schmackhaft, wenn der Geschmack dafür sorgfältig gepflegt wurde. Viele der Speisen sind mit Knoblauch aromatisiert . Das *Menü* für *Comida* besteht aus Suppe, Fisch, einem Eiergericht, Fleisch, manchmal einem *Puchero* oder Eintopf sowie Kuchen und Obst. Tischwein wird in der Regel kostenlos zur Verfügung gestellt. Jeder Mann raucht im Speisesaal, sowohl während als auch nach den Mahlzeiten.

Zu den besten Restaurants zählen das Fornos , das Italiano und das Inglés .

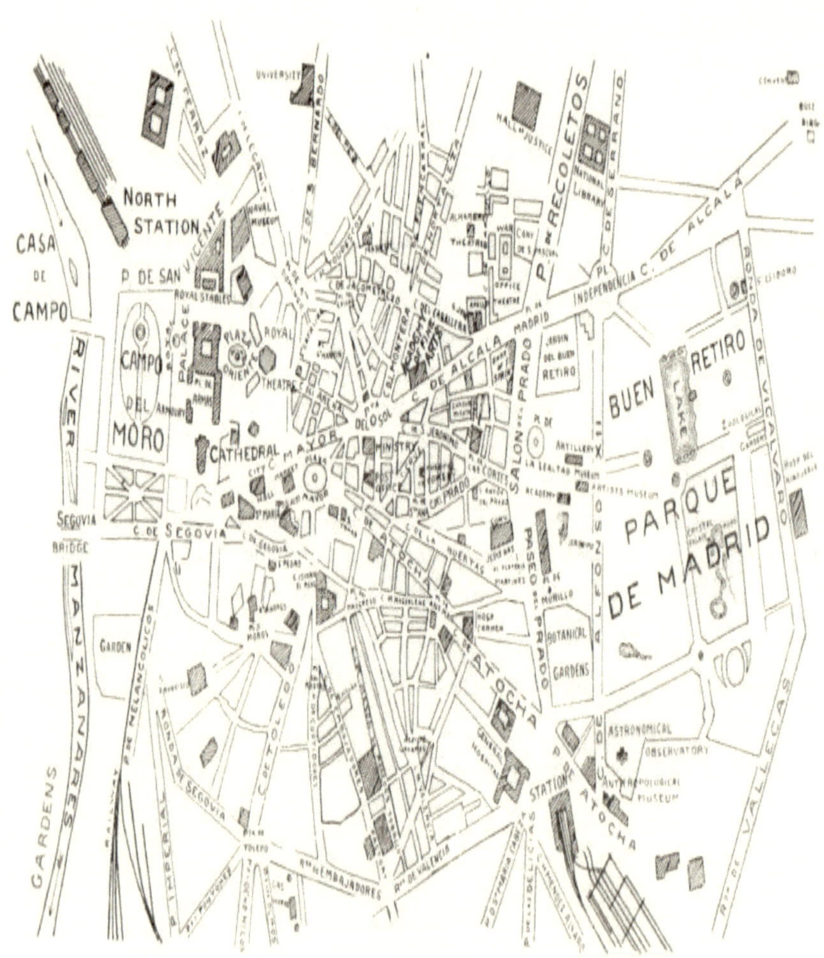

PLATTE 1.

MADRID

Speziell für die spanische Serie gezeichnet

PLATTE 2.

WAFFEN VON MADRID

PLATTE 3.

GESAMTANSICHT VON MADRID.

PLATTE 4.

BLICK AUF MADRID VON DER TEJA AUS.

PLATTE 5.

GESAMTANSICHT VON MADRID.

PLATTE 6.

BLICK AUF MADRID VON SAN ISIDRO.

PLATTE 7.

DER BRUNNEN DER KYBELE UND DIE CALLE DE ALCALÁ .

PLATTE 8.

DER NORDBAHNHOF UND DER KÖNIGSPALAST.

PLATTE 9.

PUERTA DEL SOL.

PLATTE 10.

PUERTA DEL SOL.

PLATTE 11.

Calle de Alcalá .

PLATTE 12.

CALLE DE ALCALÁ .

PLATTE 13.

CALLE DE ALCALÁ .

PLATTE 14.

CALLE DE ALCALÁ .

PLATTE 15.

CARRERA DE SAN JERÓNIMO .

PLATTE 16.

CALLE DE ALCALÁ .

PLATTE 17.

CALLE DE SEVILLA.

PLATTE 18.

CALLE DE ALCALÁ .

PLATTE 19.

Plaza de Castelar.

PLATTE 20.

Calle de Toledo.

PLATTE 21.

IM ALTEN MADRID.

PLATTE 22.

PASEO DE RECOLETOS .

PLATTE 23.

PASEO DE RECOLETOS .

PLATTE 24.

PASEO DE RECOLETOS .

PLATTE 25.

PASEO DE RECOLETOS .

PLATTE 26.

CALLE DE ALCALÁ UND STATUE VON AGUIRRE.

PLATTE 27.

PASEO DE LA CASTELLANA .

PLATTE 28.

PLAZA DE ISABEL II.

PLATTE 29.

PLAZA DE ORIENTE .

PLATTE 30.

Plaza Mayor.

PLATTE 31.

Plaza Mayor.

PLATTE 32.

PLAZA MAYOR UND STATUE VON PHILIPP III.

PLATTE 33.

CALLE DE SERRANO.

PLATTE 34.

Calle de la Princesa am Karfreitag.

PLATTE 35.

Eingang zum Park von Alfons XIII.

PLATTE 36.

CASA DE CAMPO. DER SEE.

PLATTE 37.

TOLEDO-BRÜCKE.

PLATTE 38.

TOLEDO-BRÜCKE.

PLATTE 39.

TOLEDO-BRÜCKE.

PLATTE 40.

SEGOVIA-BRÜCKE.

PLATTE 41.

EINGANG ZUM RETIRO .

PLATTE 42.

EINGANG ZUM RETIRO .

PLATTE 43.

Haupteingang zum Retiro .

PLATTE 44.

RETIRO . DAS PARTERRE.

PLATTE 45.

RETIRO . DER SEE.

PLATTE 46.

RETIRO . DER KRISTALLPALAST.

PLATTE 47.

Retiro . Arabischer Pavillon.

PLATTE 48.

RETIRO . ARABISCHER TEMPEL.

PLATTE 49.

TOR VON ALCALÁ .

PLATTE 50.

TOR VON HIERRO.

PLATTE 51.

TOR VON TOLEDO.

PLATTE 52.

ABGEORDNETENKAMMER.

PLATTE 53.

DIE CORTES. ZWEI BRONZENE LÖWEN VOR DEM PALAST.

PLATTE 54.

INNENRAUM DER ABGEORDNETENKAMMER.

PLATTE 55.

INNENRAUM DER ABGEORDNETENKAMMER.

PLATTE 56.

EMPFANGSRAUM IM ABGEORDNETENHAUS. DEKORIERT VON DON A. MÉLIDA .

PLATTE 57.

EMPFANGSRAUM IM ABGEORDNETENHAUS. DEKORIERT VON DON A. MÉLIDA .

PLATTE 58.

FASSADE DES KRANKENHAUSES. CALLE FUENCARRAL .

PLATTE 59.

LA LATINA.

PLATTE 60.

PORTAL DES KRANKENHAUSES DER EMPFÄNGNIS ODER „LA LATINA" IN
DER CALLE DE TOLEDO.

PLATTE 61.

TREPPE VON LA LATINA.

PLATTE 62.

PORTAL UND TREPPE DES HOSPITAL DE LA LATINA.

PLATTE 63.

ARABISCHER PALAST DES PRADO.

PLATTE 64.

ARABISCHER PALAST DES PRADO.

PLATTE 65.

LUJANES -TURM.

PLATTE 66.

DIE AGUIRRE-SCHULE.

PLATTE 67.

Das spanische Theater.

PLATTE 68.

DAS KÖNIGLICHE THEATER.

PLATTE 69.

DAS FINANZAMT IN DER CALLE DE ALCALÁ .

PLATTE 70.

Palast des Marqués de Portugalete.

PLATTE 71.

PALAST DES MARQUÉS DE LINARES.

PLATTE 72.

DIE BANK VON SPANIEN.

PLATTE 73.

DAS KRIEGSMINISTERIUM.

PLATTE 74.

SÜDFASSADE DES MUSEUMS UND DIE STATUE VON MURILLO.

PLATTE 75.

DIE PRADO-GALERIE. NORDFASSADE.

PLATTE 76.

DIE PRADO-GALERIE.

PLATTE 77.

DIE NEUE BÖRSE.

PLATTE 78.

DAS RATHAUS.

PLATTE 79.

DER NORDBAHNHOF.

PLATTE 80.

CÍRCULO DE CONTRIBUYENTES.

PLATTE 81.

DAS SENATSHAUS.

PLATTE 82.

Hispanoamerikanische Bank.

PLATTE 83.

DIE SPANISCHE AKADEMIE.

PLATTE 84.

DER ATOCHA-BAHNHOF.

PLATTE 85.

NATIONALBIBLIOTHEK.

PLATTE 86.

DIE NATIONALBIBLIOTHEK UND DAS MUSEUM.

PLATTE 87.

NATIONALBIBLIOTHEK. DETAIL DER FASSADE.

PLATTE 88.

NATIONALBIBLIOTHEK UND MUSEUM. OSTFASSADE.

PLATTE 89.

NATIONALBIBLIOTHEK. SPHINX.

PLATTE 90.

DIE GERECHTEN GEBÄUDE IN DER CALLE DE ALCALÁ .

PLATTE 91.

STATUE VON MARÍA CRISTINA UND REPRODUKTIONSMUSEUM.

PLATTE 92.

INNENRAUM DER NEUEN BÖRSE.

PLATTE 93.

DAS INNENMINISTERIUM.

PLATTE 94.

ASTRONOMISCHES OBSERVATORIUM.

PLATTE 95.

DER AUSTAUSCH.

PLATTE 96.

DAS KRIEGSMINISTERIUM.

PLATTE 97.

DAS RATHAUS.

PLATTE 98.

Ministerio de Fomento.

PLATTE 99.

EINSIEDELEI VON SAN ISIDRO.

PLATTE 100.

ZUFLUCHT UNSERER LIEBEN FRAU VON DER BARMHERZIGKEIT.

PLATTE 101.

KIRCHE SAN FRANCISCO EL GRANDE.

PLATTE 102.

SAN FRANCISCO EL GRANDE.

GESAMTANSICHT VOM CHOR.

PLATTE 103.

SAN FRANCISCO EL GRANDE. DIE KONZESSION DES JUBILÄUMS DER PORCIÚNCULA .

PLATTE 104.

SAN FRANCISCO EL GRANDE. LINKE SEITE DER KUPPEL.

PLATTE 105.

Krypta in der Almudena-Kathedrale.

PLATTE 106.

DIE KATHEDRALE. TEILANSICHT DER KRYPTA.

PLATTE 107.

KIRCHE VON LAS CALATRAVAS.

PLATTE 108.

Las Calatravas .

PLATTE 109.

KIRCHE VON EL BUEN ERFOLG .

PLATTE 110.

GESAMTANSICHT DER KIRCHE EL BUEN ERFOLG .

PLATTE 111.

KIRCHE VON SAN JOSÉ.

PLATTE 112.

Kirche San Isidro el Real.

PLATTE 113.

INNENRAUM DER KIRCHE SAN ISIDRO.

PLATTE 114.

KIRCHE LA VIRGEN DEL PUERTO.

PLATTE 115.

KIRCHE VON LAS SALESAS . DER LEIDENDE CHRISTUS.

PLATTE 116.

Kirche von San Cayetano.

PLATTE 117.

ALTARBILD IN DER BISCHOFSKAPELLE.

PLATTE 118.

TÜR IN DER BISCHOFSKAPELLE.

PLATTE 119.

DIE BISCHOFSKAPELLE. LINKE SEITE DER TÜR.

PLATTE 120.

DIE BISCHOFSKAPELLE. RECHTE SEITE DER TÜR.

PLATTE 121.

DIE BISCHOFSKAPELLE. OBERER TEIL DER TÜR.

PLATTE 122.

DIE BISCHOFSKAPELLE. GRAB DES BISCHOFS VON PLASENCIA .

PLATTE 123.

DIE BISCHOFSKAPELLE. GRAB VON DON FRANCESCO DE VARGAS.

PLATTE 124.

DIE BISCHOFSKAPELLE. GRAB VON DOÑA INES DE CARVAJAL.

PLATTE 125.

PFARRKIRCHE ST. ANDREAS. GRAB VON SAN ISIDRO PLOUGHMAN,
SCHUTZPATRON VON MADRID.

PLATTE 126.

INNENRAUM DER KIRCHE SAN JERÓNIMO .

AUS EINEM BILD IM PRADO DES PRINZ VON ASTURIEN
(FERDINAND VII.), DER 1789 DEN Treueeid leistete.

PLATTE 127.

Blick in das Innere der Kirche San Jerónimo .

PLATTE 128.

San Antonio de la Florida.

PLATTE 129.

Kirche von San Antonio de la Florida.

PLATTE 130.

INNENRAUM DER KIRCHE SAN ANTONIO DE LA FLORIDA.

PLATTE 131.

Fresko in San Antonio de la Florida, von Goya.

PLATTE 132.

FRESKO IN SAN ANTONIO DE LA FLORIDA, VON GOYA.

PLATTE 133.

FRESKO IN SAN ANTONIO DE LA FLORIDA, VON GOYA.

PLATTE 134.

Fresko in San Antonio de la Florida, von Goya.

Tafel 135.

ENGELSGRUPPE IN SAN ANTONIO DE LA FLORIDA, VON GOYA.

PLATTE 136.

Engelsgruppe in San Antonio de la Florida, von Goya.

PLATTE 137.

INNENRAUM DER KIRCHE SAN ANTONIO DE LA FLORIDA.

PLATTE 138.

San Antonio de la Florida. Gemälde in der Hauptkapelle von Goya.

PLATTE 139.

SAN ANTONIO DE LA FLORIDA. GEMÄLDE IN DER MITTE DES INTRADOS DES CHORS UND DER HAUPTKAPELLENBÖGEN VON GOYA.

PLATTE 140.

SAN ANTONIO DE LA FLORIDA. GEMÄLDE ÜBER DIE FEDERUNGEN DES
INTRADOS DER HAUPTKAPELLENBÖGEN VON GOYA.

PLATTE 141.

SAN ANTONIO DE LA FLORIDA. GEMÄLDE ÜBER DIE FEDERUNGEN DER
INTRADOS DER CHORBÖGEN VON GOYA.

PLATTE 142.

SAN ANTONIO DE LA FLORIDA. GEMÄLDE AUF DEM INTRADOS DES
KAPELLENBOGENS, LINKE SEITE, VON GOYA.

PLATTE 143.

San Antonio de la Florida. Gemälde auf dem Intrados des
Kapellenbogens auf der rechten Seite von Goya.

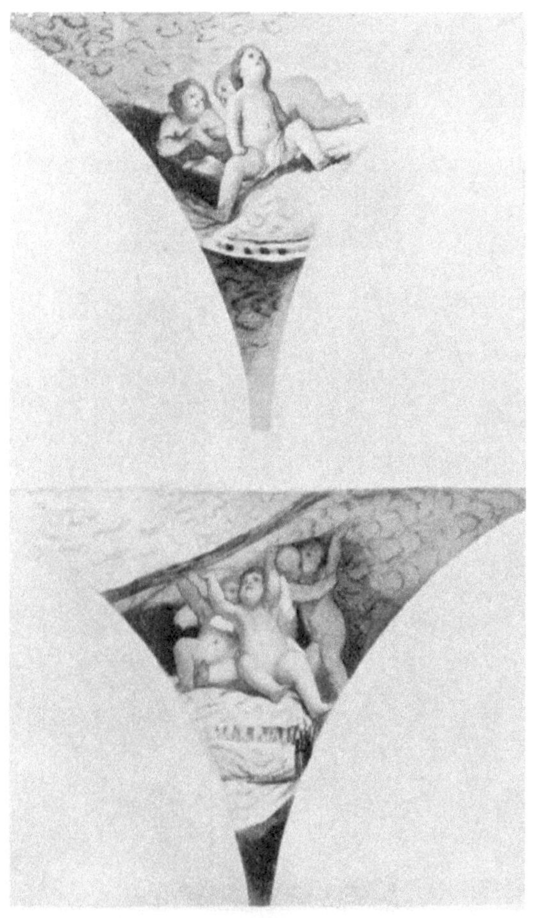

PLATTE 144.

SAN ANTONIO DE LA FLORIDA. VON DER KUPPEL NEBEN DER
HAUPTKAPELLE GEBILDETE DREIECKE VON GOYA.

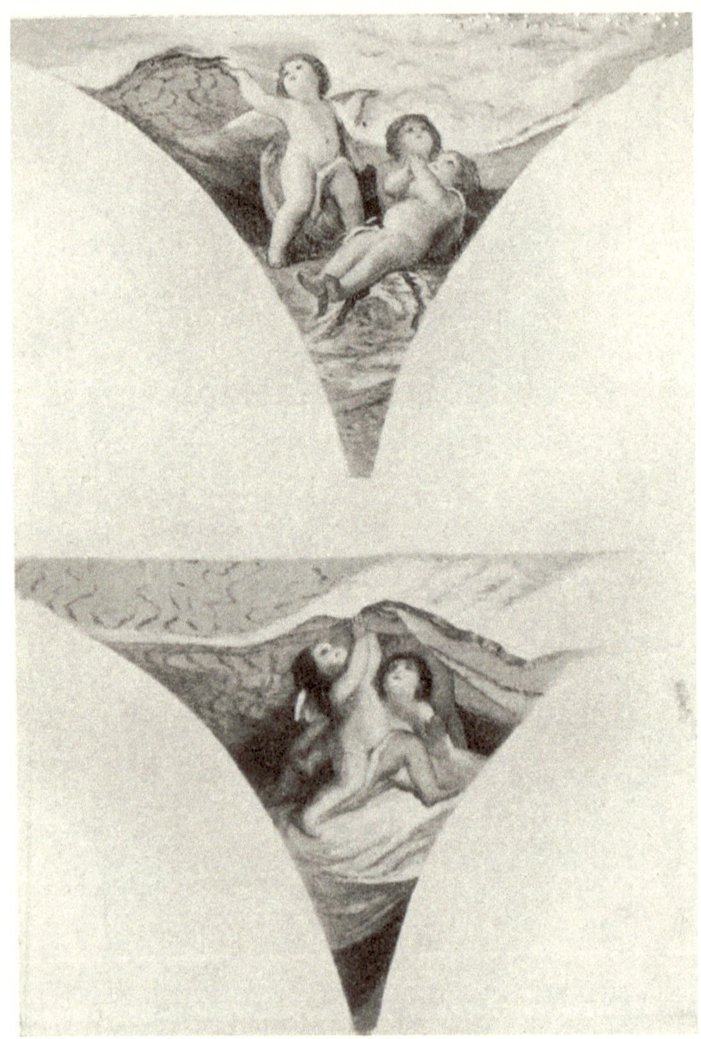

PLATTE 145.

SAN ANTONIO DE LA FLORIDA. DREIECKE, DIE DURCH DIE KUPPEL
NEBEN DEM CHOR GEBILDET WERDEN, VON GOYA.

 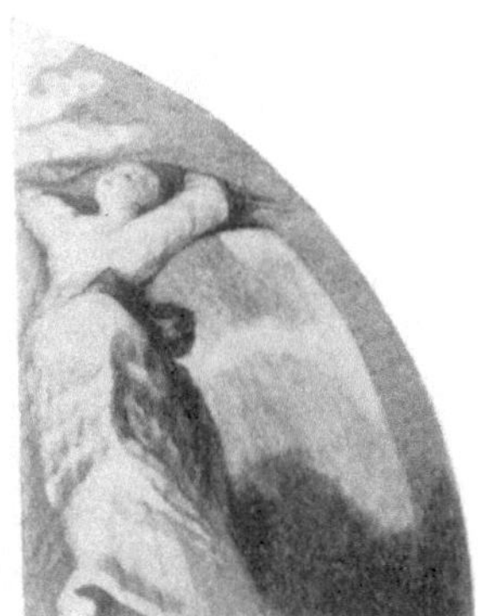

PLATTE 146.

SAN ANTONIO DE LA FLORIDA. GEMÄLDE AUF DER LINKEN SEITE DER FENSTER DER KUPPEL VON GOYA.

PLATTE 147.

SAN ANTONIO DE LA FLORIDA. GEMÄLDE AUF DER RECHTEN SEITE DER FENSTER DER KUPPEL VON GOYA.

PLATTE 148.

SAN ANTONIO DE LA FLORIDA. ERSTE GRUPPE AUF DER KUPPEL LINKS
VON DER MITTE, VON GOYA.

PLATTE 149.

SAN ANTONIO DE LA FLORIDA. ZWEITE GRUPPE AUF DER KUPPEL LINKS
VON DER MITTE, VON GOYA.

PLATTE 150.

SAN ANTONIO DE LA FLORIDA. ZENTRUM DER KOMPOSITION AUF DER DEM EINGANG ZUGEWANDTEN KUPPEL VON GOYA.

PLATTE 151.

SAN ANTONIO DE LA FLORIDA. ERSTE GRUPPE AUF DER KUPPEL RECHTS VON DER MITTE, VON GOYA.

PLATTE 152.

SAN ANTONIO DE LA FLORIDA. ZWEITE GRUPPE AUF DER KUPPEL
RECHTS VON DER MITTE, VON GOYA.

PLATTE 153.

DER PRADO.

PLATTE 154.

DER PRADO.

PLATTE 155.

DIE PRADO-GALERIE.

PLATTE 156.

DER PRADO. DIE VELAZQUEZ-GALERIE.

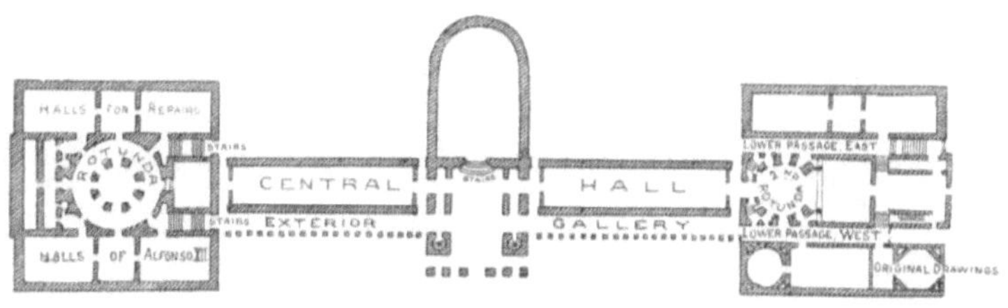

PLATTE 157.

MADRID-BILDERGALERIE

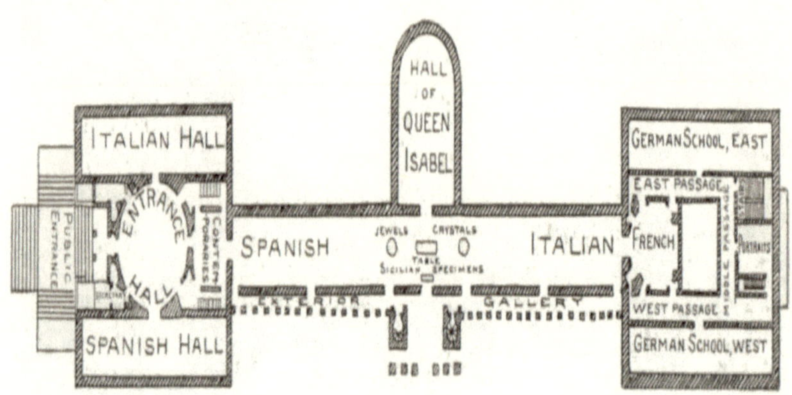

PLATTE 158.

MADRID-BILDERGALERIE.

PLATTE 159.

SZENE IM LEBEN VON SANTO DOMINGO DE GUZMÁN, VON PEDRO BERRUGUETE .

PRADO.

PLATTE 160.

Ecce Homo von Luis de Morales.

PRADO.

PLATTE 161.

DIE TAUFE CHRISTI, VON NAVARRETE.

PRADO.

PLATTE 162.

PORTRÄT VON DON CARLOS, SOHN PHILIPPS II., VON ALONSO SÁNCHEZ COELLO .

PRADO.

PLATTE 163.

DIE INFANTINNEN ISABEL CLARA EUGENIA UND CATALINA MICAELA,
TÖCHTER PHILIPPS II., VON ALONSO SÁNCHEZ COELLO .

PRADO.

PLATTE 164.

Jakob erhält den Segen seines Vaters Isaak, von Ribera.

PRADO.

PLATTE 165.

VISION DES HEILIGEN PETRUS, DES APOSTELS DES HEILIGEN PETRUS
NOLASCO, VON ZURBARÁN .

PRADO.

PLATTE 166.

Los Borrachos , von Velazquez.

PRADO.

PLATTE 167.

DIE SCHMIEDE DES VULKAN, VON VELAZQUEZ.

PRADO.

PLATTE 168.

DIE KAPITULATION VON BREDA, VON VELAZQUEZ.

PRADO.

PLATTE 169.

PHILIPP IV., VON VELAZQUEZ.

PRADO.

PLATTE 170.

Königin Isabel von Bourbon, von Velazquez.

PRADO.

PLATTE 171.

Don Baltasar Carlos, von Velazquez.

PRADO.

PLATTE 172.

Philipp IV. im Jagdkostüm von Velazquez.

PRADO.

PLATTE 173.

Don Baltasar Carlos im Jagdkostüm von Velazquez.

PRADO.

PLATTE 174.

HERZOG VON OLIVARES, VON VELAZQUEZ.

PRADO.

PLATTE 175.

Aesop , von Velazquez.

PRADO.

PLATTE 176.

ST. ANTONY ABT BESUCHT ST. PAUL, VON VELAZQUEZ.

PRADO.

PLATTE 177.

Las Hilanderas , von Velazquez.

PRADO.

PLATTE 178.

LAS MENINAS, VON VELAZQUEZ.

PRADO.

PLATTE 179.

UNSERE LIEBE FRAU VON DER UNBEFLECKTEN EMPFÄNGNIS, VON
MURILLO. PRADO.

PLATTE 180.

EL TIÑOSO : DIE HEILIGE ELISABETH VON UNGARN, DIE IN IHREM
KRANKENHAUS DIE KRANKEN PFLEGT, VON MURILLO.

PRADO.

PLATTE 181.

Pater Cabanillas, von Murillo.

PRADO.

PLATTE 182.

DAS JESUSKIND ALS HIRTE, VON MURILLO.

PRADO.

PLATTE 183.

DETAIL VON TAFEL 179, VON MURILLO.

PRADO.

PLATTE 184.

DIE VISION DES HEILIGEN BERNHARD VON MURILLO.

PRADO.

PLATTE 185.

DIE JUNGFRAU DES ROSENKRANZES VON MURILLO.

PRADO.

PLATTE 186.

DAS JOHANNESKIND VON MURILLO.

PRADO.

PLATTE 187.

DIE KINDER JESUS UND DER HEILIGE JOHANNES, BEKANNT UNTER DEM NAMEN „LOS NIÑOS DE LA CONCHA", VON MURILLO.

PRADO.

PLATTE 188.

DIE HEILIGE FAMILIE UND DER VOGEL VON MURILLO.

PRADO.

PLATTE 189.

KOPF DES HEILIGEN HIRTEN (FRAGMENT), VON MURILLO.

PRADO.

PLATTE 190.

La Porciúncula (die Vision des Heiligen Franziskus) von
Murillo.

PRADO.

PLATTE 191.

DAS MARTYRIUM DES HEILIGEN APOSTELS ANDREAS IN PATRAS VON MURILLO.

PRADO.

PLATTE 192.

DER TRAUM DES RÖMISCHEN SENATORS UND SEINER FRAU, DER DIE
KIRCHE ST. MARIA MAGGIORE IN ROM HERVORBRACHTE, VON
MURILLO.

PLATTE 193.

LIBERIUS VON IHREM TRAUM , VON MURILLO.

PLATTE 194.

Die Verkündigung von El Greco

PRADO.

PLATTE 195.

DIE HEILIGE FAMILIE VON EL GRECO.

PRADO.

PLATTE 196.

DIE KREUZIGUNG VON EL GRECO.

PRADO.

PLATTE 197.

DER TOTE CHRISTUS IN DEN ARMEN GOTTES DES VATERS VON EL GRECO.

PRADO.

PLATTE 198.

KARL IV., VON GOYA.

PRADO.

PLATTE 199.

Königin Maria Luisa, von Goya.

PRADO.

PLATTE 200.

DIE NACKTE MAJA VON GOYA.

PRADO.

PLATTE 201.

Die drapierte Maja von Goya.

PRADO.

PLATTE 202.

Die Familie Karls IV., von Goya.

PRADO.

PLATTE 203.

GOYA IM ALTER VON 80 JAHREN, VON V. LÓPEZ.

PRADO.

PLATTE 204.

JESUS UND MARIA MAGDALENA, VON CORREGGIO.

PRADO.

PLATTE 205.

DIE HEILIGE FAMILIE UND DAS LAMM VON RAFAEL.

PRADO.

PLATTE 206.

EIN KARDINAL, VON RAFAEL.

PRADO.

PLATTE 207.

MADONNA UND KIND, MIT DER HEILIGEN BIRGITTA UND DEM HEILIGEN HULPUS , VON TIZIAN.

PRADO.

PLATTE 208.

DIE DORNENKRONE VON DOMINGO TIEPOLO.

PRADO.

PLATTE 209.

PORTRÄT VON ALBRECHT DÜRER , VON IHM SELBST.

PRADO.

PLATTE 210.

Königin Artemisia, von Rembrandt.

PRADO.

PLATTE 211.

Dorffest von Teniers.

PRADO.

PLATTE 212.

GALERIE DES ERZHERZOGS LEOPOLD IN BRÜSSEL, VON TENIERS.

PRADO.

PLATTE 213.

DIE DREI GRAZIEN VON RUBENS.

PRADO.

PLATTE 214.

Die Heilige Familie von Rubens.

PRADO.

PLATTE 215.

Van Dyck und Graf Bristol, von Van Dyck.

PRADO.

PLATTE 216.

DAS LETZTE ABENDMAHL VON JUAN DE JUANES.

PRADO.

PLATTE 217.

DIE KATHOLISCHEN HERRSCHER BETEN DIE JUNGFRAU AN, VON JUAN
DE BORGOÑA . PRADO.

PLATTE 218.

EIN GOTISCHER KÖNIG VON ALONSO CANO.

PRADO.

PLATTE 219.

DAS WASSER AUS DEM FELSEN, VON JUAN DE LAS ROELAS , EL CLÉRIGO .

PRADO.

PLATTE 220.

EINE SEELE IM SCHMERZ, VON RIBALTA.

PRADO.

PLATTE 221.

Porträt Philipps II. von Pantoja de la Cruz.

PRADO.

PLATTE 222.

PORTRÄT VON PEDRO BERRUGUETE . 15. JAHRHUNDERT.

SAMMLUNG VON DON JOSÉ DE LAZARO GALDEANO.

PLATTE 223.

ARCHITEKTUR, MALEREI UND SKULPTUR, VON G. SUÑOL .

ALLEGORISCHE GRUPPE FÜR DIE FASSADE DES PRADO.

PLATTE 224.

DER KAISER KARL V.

PRADO-MUSEUM.

PLATTE 225.

DIE KAISERIN ISABEL VON PORTUGAL, EHEFRAU VON KARL V.

DER PRADO .

PLATTE 226.

EIN SATYR UND TANZENDE KINDER.

DER PRADO .

PLATTE 227.

MARMORRELIEF. LEBENSGROßE FIGUREN.

DER PRADO.

PLATTE 228.

MARMORRELIEF. BACCHANTINNEN. LEBENSGROßE FIGUREN.

DER PRADO .

PLATTE 229.

BRONZEKÖPFE.

DER PRADO .

PLATTE 230.

TAPISSERIE. DER TÄUFER VERABSCHIEDET SICH VON SEINEN ELTERN
WIDMET SICH DER BUßE.

PLATTE 231.

TAPISSERIE. DIE THRONENDE JUNGFRAU, GIDEON ZEIGT DAS LAMM
HAUT UND ANDERE SZENEN.

PLATTE 232.

BILDNIS DES HEILIGEN FERDINAND, KÖNIG VON SPANIEN.

KAPELLE ROYAL.

PLATTE 233.

(1 bis 5) Kronen und Votivkreuze von Guarrazar .

(6) Überreste des Gewandes von St. Ferdinand.

(7) Maurische Sporen von St. Ferdinand.

KÖNIGLICHE WAFFENKAMMER.

PLATTE 234.

C 1. SPANISCHER WAFFENTRÄGER, 15. JAHRHUNDERT.

KÖNIGLICHE WAFFENKAMMER.

PLATTE 235.

C 4. SPANISCHER ARMBRUSTSCHÜTZE, 15. JAHRHUNDERT.

KÖNIGLICHE WAFFENKAMMER.

PLATTE 236.

C 2. SPANISCHER HELLEBARDIER, 15. JAHRHUNDERT.

KÖNIGLICHE WAFFENKAMMER.

PLATTE 237.

STREITKOLBENTRÄGER AUS DEM 16. JAHRHUNDERT MIT WAPPENROCK,
DER DAS WAPPEN VON KASTILIEN UND LEON ZEIGT.

PLATTE 238.

A 26. KIPPGESCHIRR KARLS V.

KÖNIGLICHE WAFFENKAMMER.

PLATTE 239.

A 112. Rüstung, die Karl V. vom Herzog von Mantua geschenkt
wurde.

KÖNIGLICHE WAFFENKAMMER.

PLATTE 240.

RÜSTUNG KARLS V., HERGESTELLT VON DESIDERIO COLMAN.

(KATALOG 1849.)

KÖNIGLICHE WAFFENKAMMER.

PLATTE 241.

A 231. FÜR PRINZ PHILIP (II.) ANGEFERTIGTE RÜSTUNG VON WOLF VON LANDSHUT (1550).

KÖNIGLICHE WAFFENKAMMER.

PLATTE 242.

Rüstung Karls V., Ausführung Augsburg oder Nürnberg.

(KATALOG 1849.)

KÖNIGLICHE WAFFENKAMMER.

PLATTE 243.

A 37. KIPPGESCHIRR KARLS V., HERGESTELLT VON DESIDERIO COLMAN, HELMSCHMIED .

KÖNIGLICHE WAFFENKAMMER.

PLATTE 244.

A 65. Kippgeschirr Karls V.

KÖNIGLICHE WAFFENKAMMER.

PLATTE 245.

A 149. Rüstung Karls V. (1541).

KÖNIGLICHE WAFFENKAMMER.

PLATTE 246.

A 243. REITERRÜSTUNG PHILIPPS II. ANGEFERTIGT VON SIGMUND WOLF
AUS LANDSHUT.

KÖNIGLICHE WAFFENKAMMER.

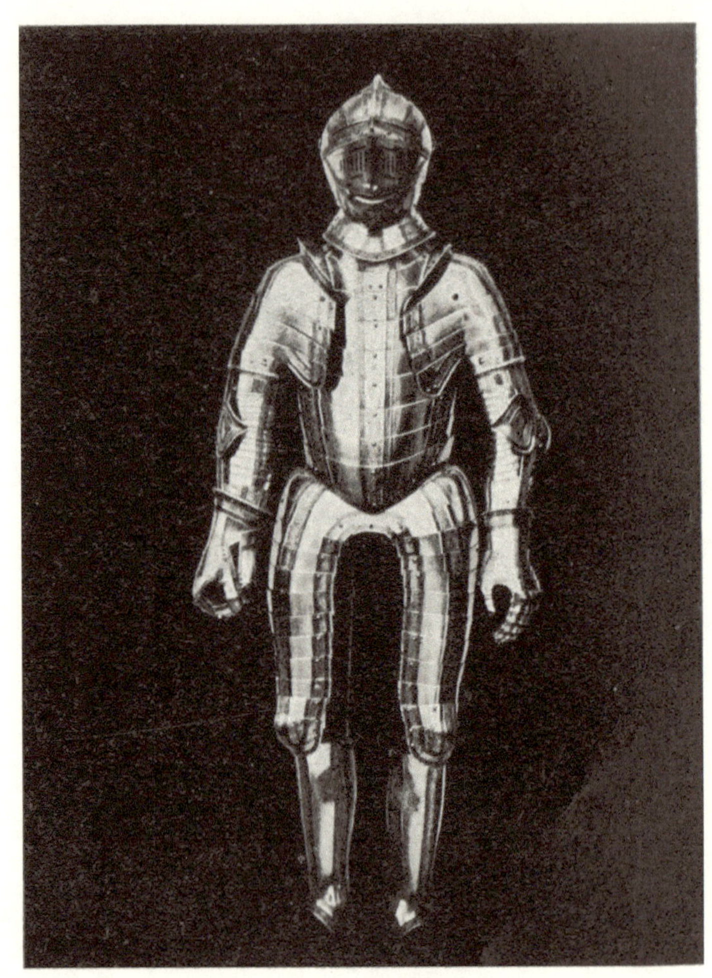

PLATTE 247.

RÜSTUNG VON KÖNIG PHILIPP II.

KÖNIGLICHE WAFFENKAMMER.

PLATTE 248.

RÜSTUNG PHILIPPS II., EINGRAVIERT MIT DEM KÖNIGLICHEN WAPPEN
ENGLANDS.

KÖNIGLICHE WAFFENKAMMER.

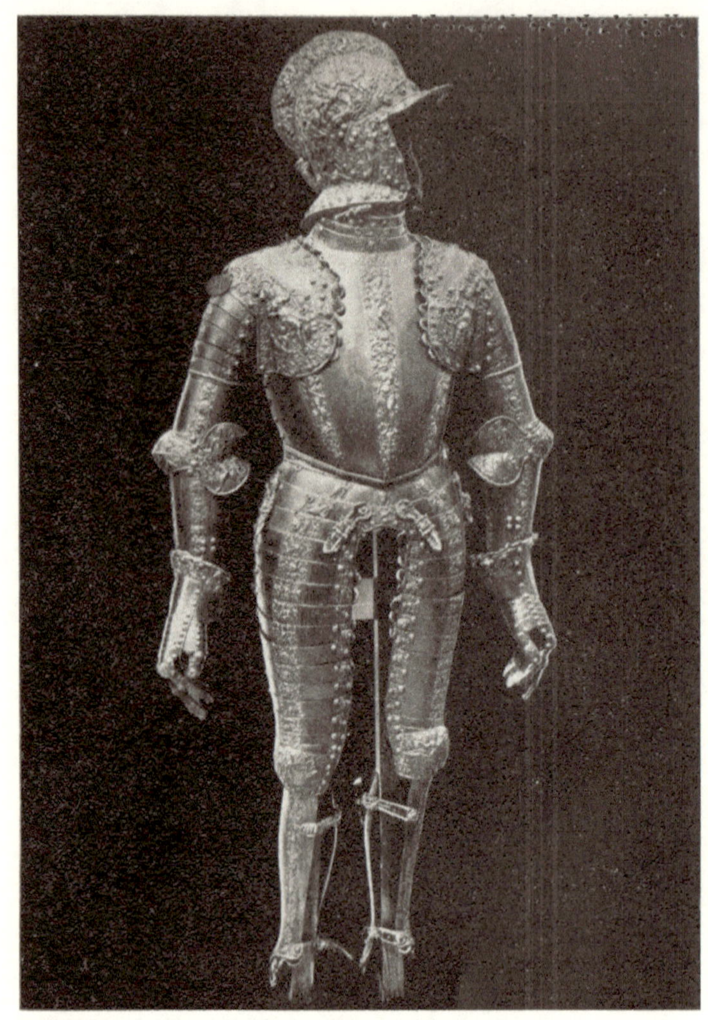

PLATTE 249.

A 290. Rüstung von König Sebastian von Portugal.

KÖNIGLICHE WAFFENKAMMER.

PLATTE 250.

A 290. Rüstung von König Sebastian, Rückenplatte (Details).

KÖNIGLICHE WAFFENKAMMER.

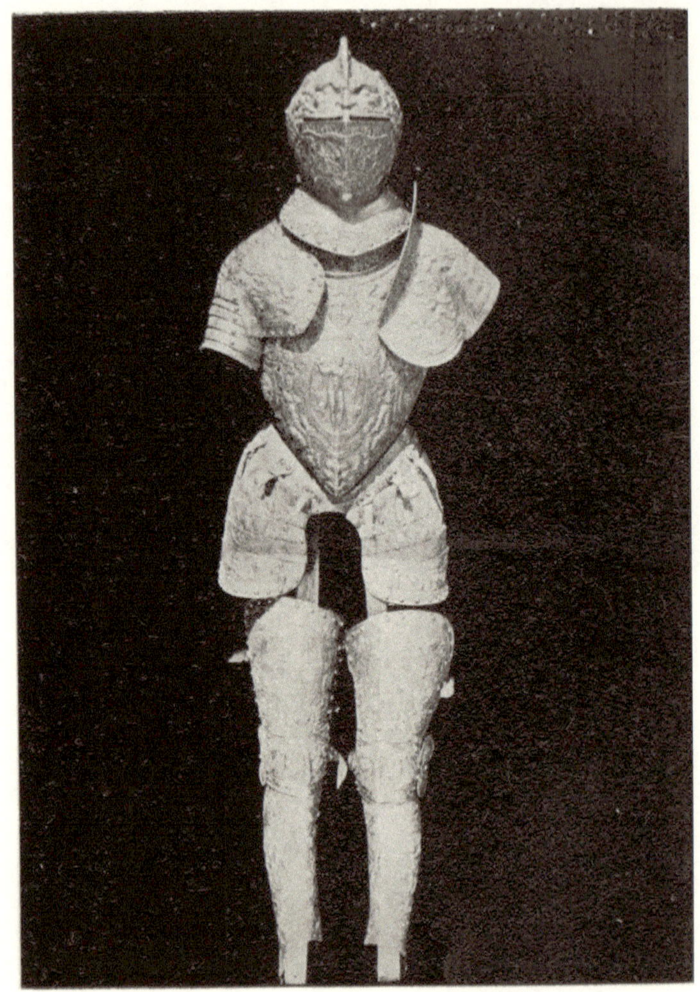

PLATTE 251.

A 291. Rüstung Philipps III. hergestellt von Lucio Picinino aus Mailand.

KÖNIGLICHE WAFFENKAMMER.

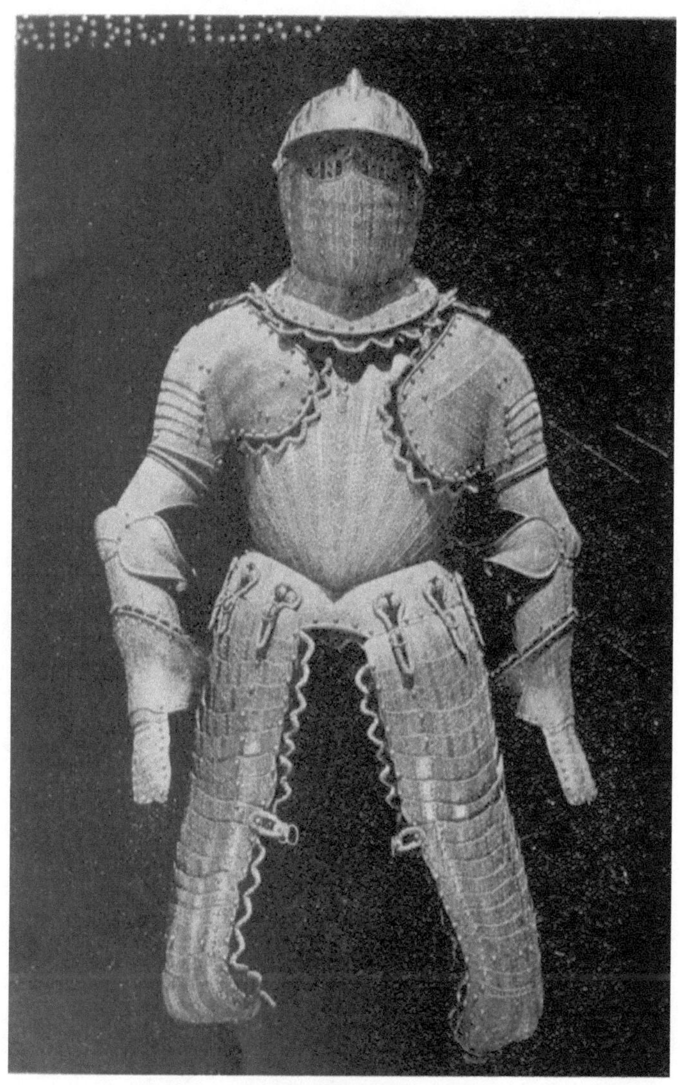

PLATTE 252.

IN PAMPLONA HERGESTELLTE RÜSTUNG FÜR DEN HERZOG VON
SAVOYEN (1620).

KÖNIGLICHE WAFFENKAMMER.

PLATTE 253.

HALBE RÜSTUNG PHILIPPS IV.

KÖNIGLICHE WAFFENKAMMER.

PLATTE 254.

MAILÄNDER BRIGANTINE, DIE KARL V. GEHÖRTE.

KÖNIGLICHE WAFFENKAMMER.

PLATTE 255.

B 1. HALBHARNISCH FÜR JUNGEN, HERGESTELLT IN ITALIEN FÜR DEN INFANTEN, SPÄTER PHILIPP III.

KÖNIGLICHE WAFFENKAMMER.

PLATTE 256.

D 1. KNABEN-HALBHARNISCH FÜR DEN INFANTEN, SPÄTER PHILIPP III.
(ZWEITE ANSICHT.)

KÖNIGLICHE WAFFENKAMMER.

PLATTE 257.

B 4. HALBE RÜSTUNG, VOM HERZOG VON TERRANOVA DEM INFANTEN,
DEM SPÄTEREN PHILIPP III., ÜBERREICHT.

KÖNIGLICHE WAFFENKAMMER.

PLATTE 258.

B 18. HALBE KNABENRÜSTUNG FÜR DEN INFANTEN FERNANDO, SOHN
PHILIPPS III.

KÖNIGLICHE WAFFENKAMMER.

PLATTE 259.

HALBHARNISCH DES PRINZEN PHILIPP, SPÄTER PHILIPP IV.

KÖNIGLICHE WAFFENKAMMER.

PLATTE 260.

A 434. GORGET . BETREFF: DIE BELAGERUNG VON OSTENDE, 1601.

KÖNIGLICHE WAFFENKAMMER.

PLATTE 261.

A 434. RINGKRAGEN PHILIPPS II.

BETREFF: DIE SCHLACHT VON NIEUPORT.

KÖNIGLICHE WAFFENKAMMER.

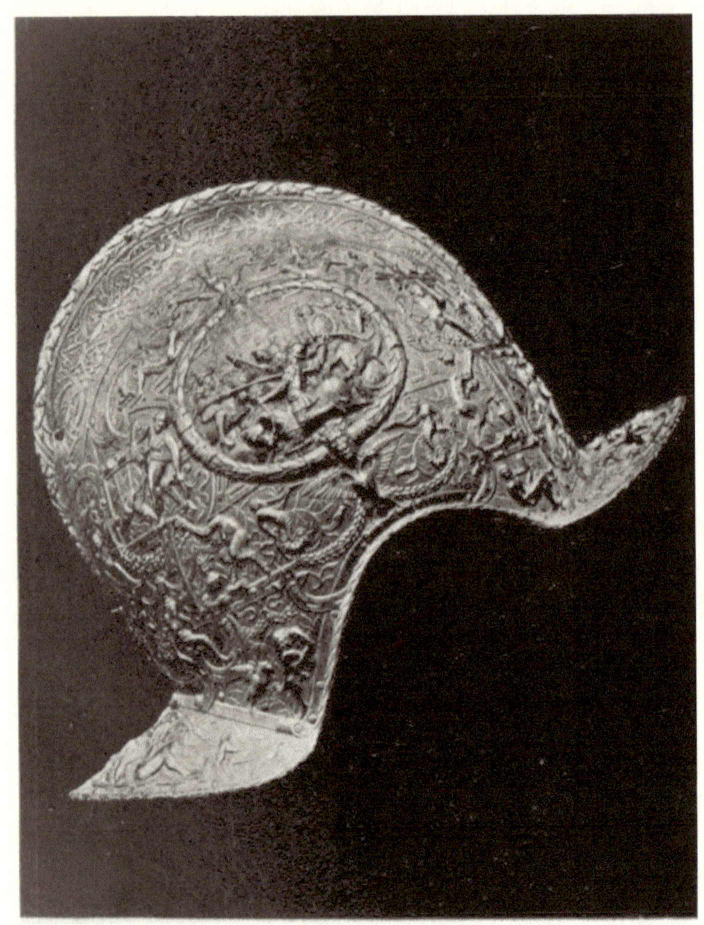

PLATTE 262.

HELM VON PHILIPP II. 1549 IN AUGSBURG HERGESTELLT.

KÖNIGLICHE WAFFENKAMMER.

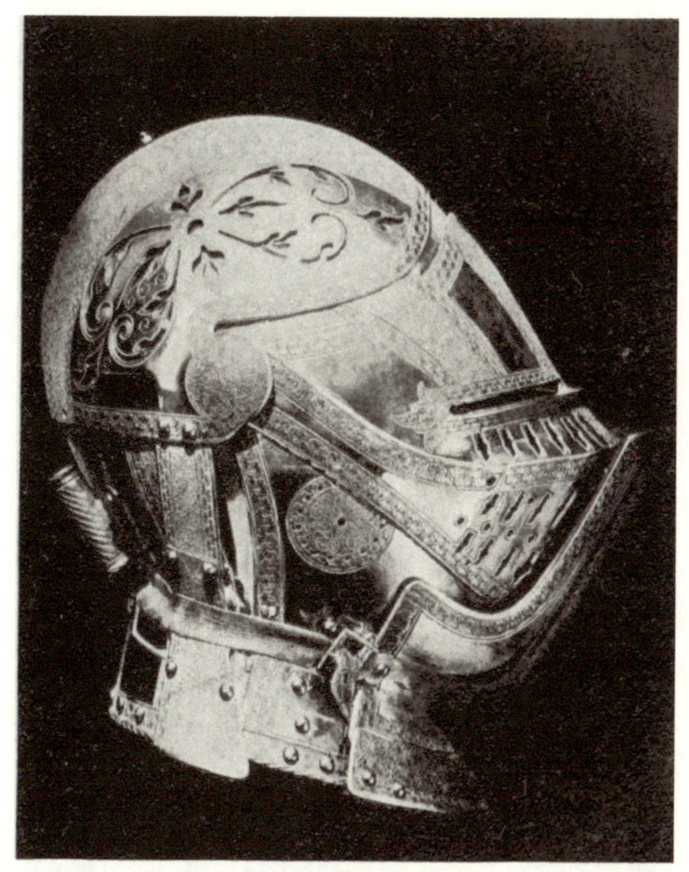

PLATTE 263.

A 243. HELM PHILIPPS II. 1554 VON WOLF VON LANDSHUT
ANGEFERTIGT.

KÖNIGLICHE WAFFENKAMMER.

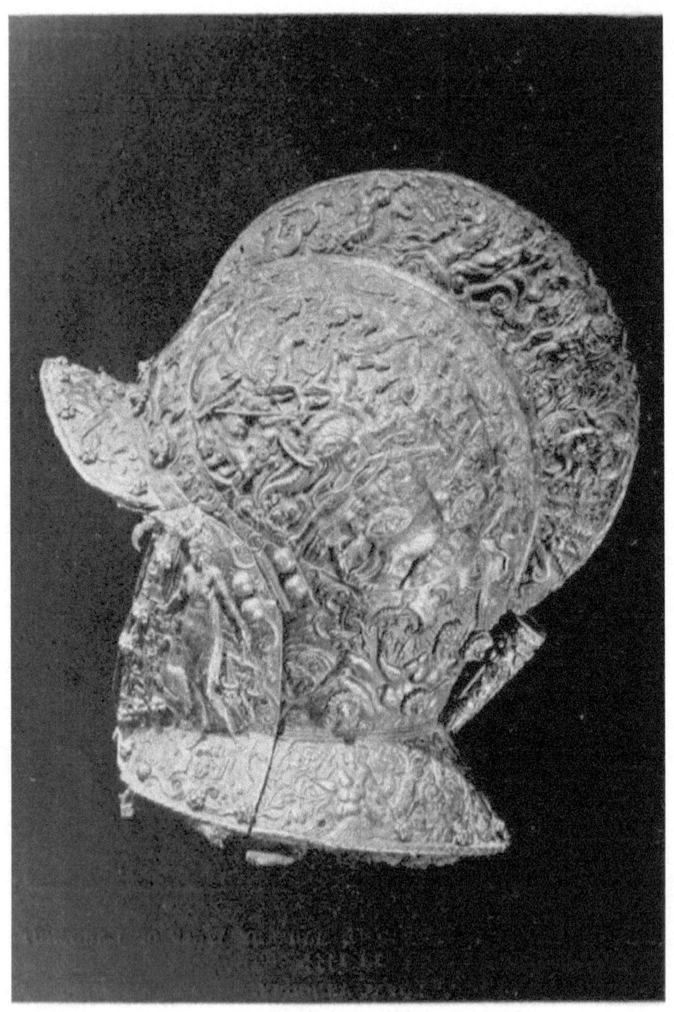

PLATTE 264.

A 290. Burgonet des Königs Sebastian von Portugal.

KÖNIGLICHE WAFFENKAMMER.

PLATTE 265.

A 292. Burgonet für Philipp III. von Lucio Picinino .

KÖNIGLICHE WAFFENKAMMER.

PLATTE 266.

A 350. HELM FÜR DEN HERZOG VON SAVOYEN (SEITENANSICHT).

KÖNIGLICHE WAFFENKAMMER.

PLATTE 267.

D 3. BURGONET VON KARL V., ENTWORFEN VON GIULIO ROMANO.

KÖNIGLICHE WAFFENKAMMER.

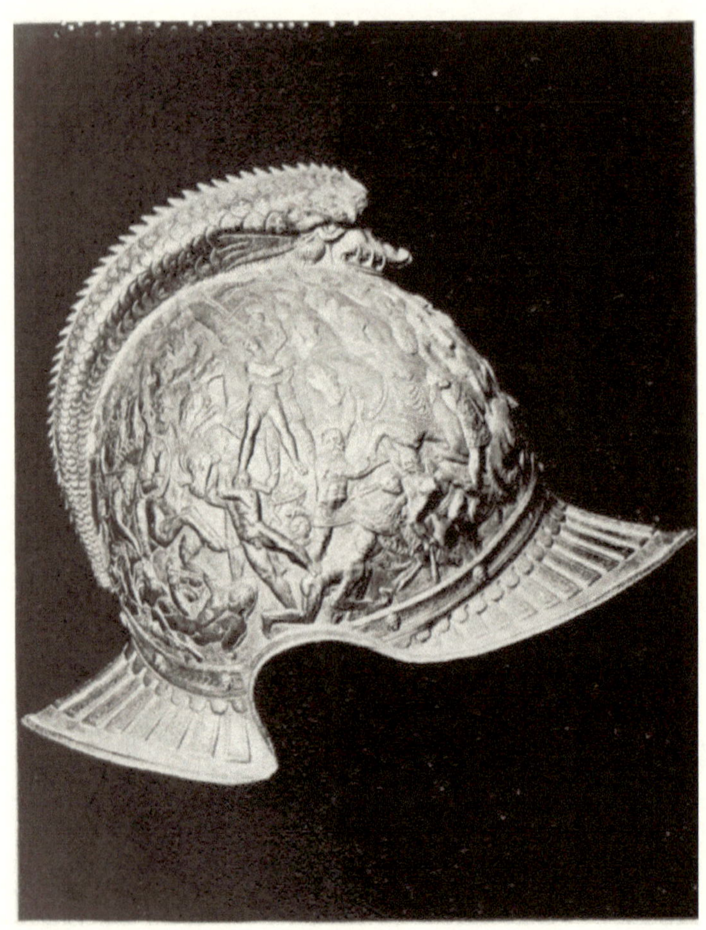

PLATTE 268.

M 5. Helm von Franz I. von Frankreich, aufgenommen in der Schlacht von Pavia.

KÖNIGLICHE WAFFENKAMMER.

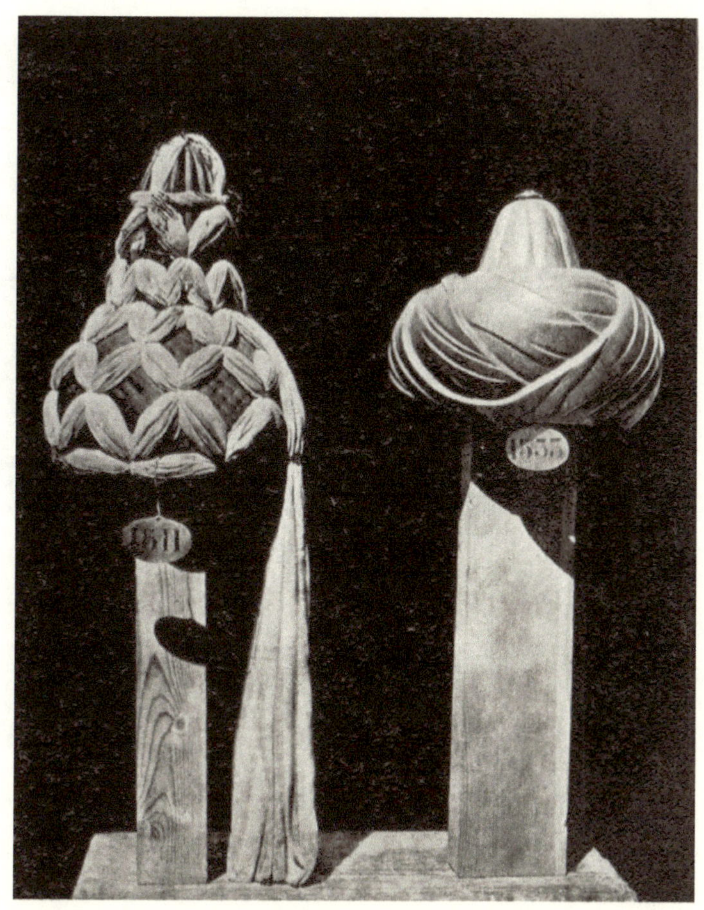

PLATTE 269.

1511. TURBAN AUS SATIN UND SAMT, 1722 IM PALAST VON MUSTAFA, BEY VON ORAN, GEFUNDEN.

1533. STAHLTURBAN VON ALI PASCHA, TÜRKISCHER ADMIRAL IN LEPANTO.

KÖNIGLICHE WAFFENKAMMER.

PLATTE 270.

D 63. DAS „PLUS ULTRA"-SCHILD, ENTWORFEN VON GIULIO ROMANO.

D 10. SCHILD, FRÜHES 17. JAHRHUNDERT.

MOTIV: KRIEGER IM KAMPF.

KÖNIGLICHE WAFFENKAMMER.

PLATTE 271.

D 69. ITALIENISCHER SCHILD, 16. JAHRHUNDERT.

D 68. WAPPEN DER MARKE AUGSBURG, 16. JAHRHUNDERT.

MOTIV: DER TRIUMPH DER LIEBE.

KÖNIGLICHE WAFFENKAMMER.

PLATTE 272.

D 79. SCHILD AN PHILIPP III. ÜBERREICHT. VOM HERZOG VON SAVOYEN
IM JAHR 1603.

KÖNIGLICHE WAFFENKAMMER.

PLATTE 273.

D 86. MAURISCHER LEDERSCHILD, ENDE DES 15. JAHRHUNDERTS.

KÖNIGLICHE WAFFENKAMMER.

PLATTE 274.

M 6. Schild und Schwert von Franz I. von Frankreich, erbeutet in der Schlacht von Pavia. Motiv: Der gallische Hahn greift einen Krieger an und schlägt ihn in die Flucht.

KÖNIGLICHE WAFFENKAMMER.

PLATTE 275.

A 242. SATTELKNAUF UND HINTERZWIESEL PHILIPPS II.

KÖNIGLICHE WAFFENKAMMER.

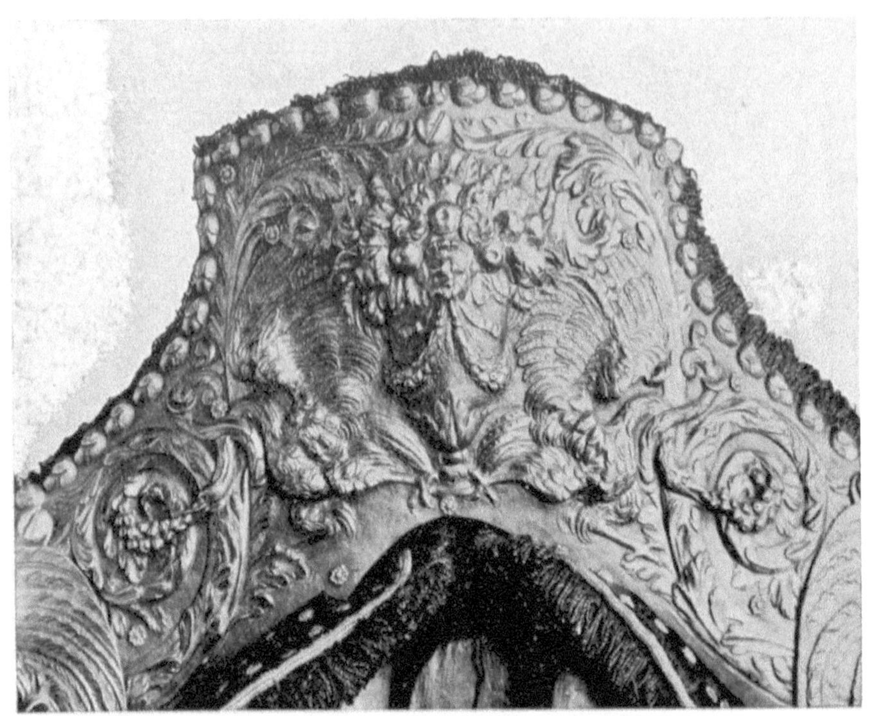

PLATTE 276.

A 291. SATTELPLATTEN VON LUCIO PICININO .

KÖNIGLICHE WAFFENKAMMER.

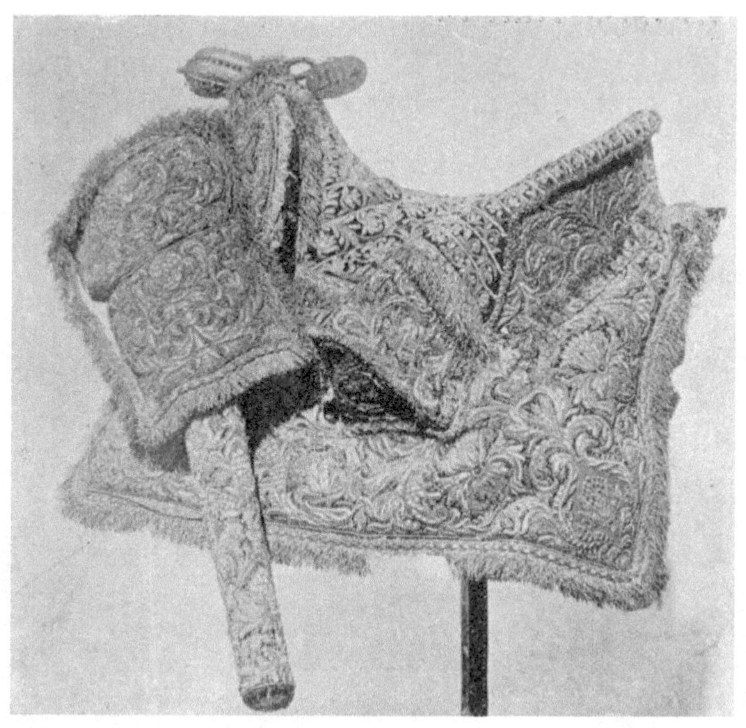

PLATTE 277.

TÜRKISCHER SATTEL, GESCHENKT AN KARL III.

KÖNIGLICHE WAFFENKAMMER.

PLATTE 278.

TROPHÄE BESTEHEND AUS MEHREREN RÜSTUNGSTEILEN PHILIPPS II.
KÖNIGLICHE WAFFENKAMMER.

PLATTE 279.

RÜSTUNG EINES WINDHUNDES.

KÖNIGLICHE WAFFENKAMMER.

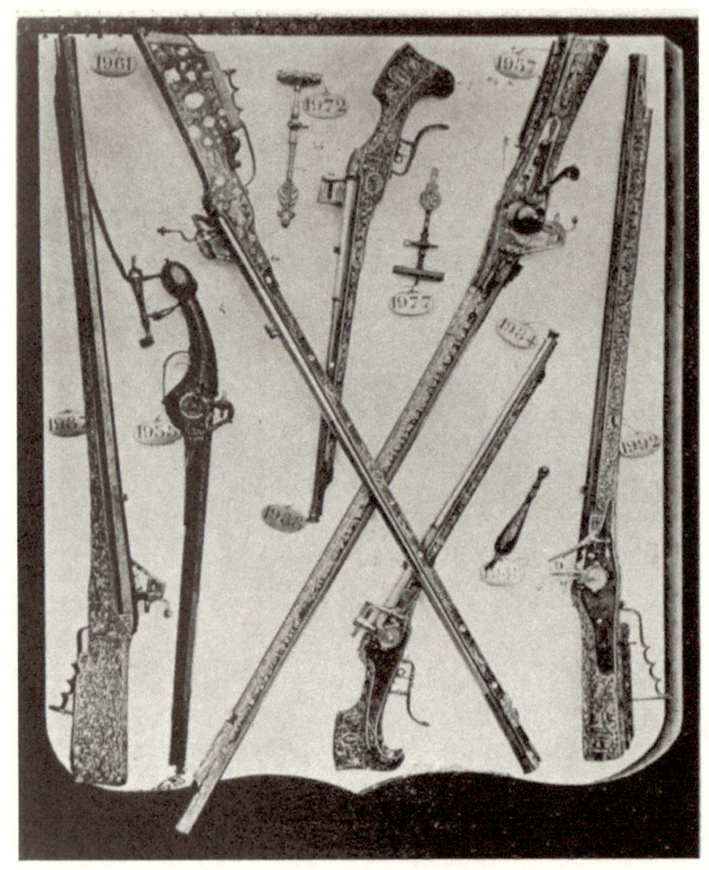

PLATTE 280.

1987, 1992. Spanische Arkebusen, Ende des 16. Jahrhunderts.

1955. Petronel, 16. Jahrhundert.

1961. Spanische Arkebuse mit achteckigem Lauf, eingelegt mit Perlmutt und Elfenbein, 16. Jahrhundert.

1972, 1977, 1946. Schlüssel oder Kurbeln zum Spannen der Arkebusen.

KÖNIGLICHE WAFFENKAMMER.

PLATTE 281.

DOPPELTE HINTERLADEKANONE AUS BRONZE, VERWENDET IN SPANIEN AM ENDE DES 15. JAHRHUNDERTS.

KÖNIGLICHE WAFFENKAMMER.

PLATTE 282.

SÄNFTE VON PHILIP V.

(AUS DEN KUTSCHENHÄUSERN DES KÖNIGLICHEN
PALASTES, MADRID.)

KÖNIGLICHE WAFFENKAMMER.

PLATTE 283.

SÄNFTE VON FERDINAND VI.

(AUS DEN KUTSCHENHÄUSERN DES KÖNIGLICHEN
PALASTES, MADRID.)

KÖNIGLICHE WAFFENKAMMER.

PLATTE 284.

Sänfte Karls IV.

(Aus den Kutschenhäusern des Königlichen
Palastes, Madrid.)

Königliche Waffenkammer.

PLATTE 285.

SÄNFTE VON PHILIP V.

(AUS DEN KUTSCHENHÄUSERN DES KÖNIGLICHEN
PALASTES, MADRID.)

KÖNIGLICHE WAFFENKAMMER.

PLATTE 286.

SÄNFTE VON KARL III.

(AUS DEN KUTSCHENHÄUSERN DES KÖNIGLICHEN
PALASTES, MADRID.)

KÖNIGLICHE WAFFENKAMMER.

PLATTE 287.

FELDZUGSWURF KAISER KARLS V.

KÖNIGLICHE WAFFENKAMMER.

PLATTE 288.

VON NAPOLEON I. AN KARL IV. GESCHENKTE KUTSCHE.

(AUS DEN KUTSCHENHÄUSERN DES KÖNIGLICHEN
PALASTES, MADRID.)

KÖNIGLICHE WAFFENKAMMER.

PLATTE 289.

DER CROWN COACH.

(AUS DEN KUTSCHENHÄUSERN DES KÖNIGLICHEN
PALASTES, MADRID.)

KÖNIGLICHE WAFFENKAMMER.

PLATTE 290.

Gesamtansicht des Inneren der Alten Waffenkammer .

PLATTE 291.

GESAMTANSICHT DES INNEREN DER ALTEN WAFFENKAMMER .

PLATTE 292.

GESAMTANSICHT DES INNEREN DER ALTEN WAFFENKAMMER.

PLATTE 293.

KÖNIGLICHE AKADEMIE FÜR GESCHICHTE.

AUSSENANSICHT DES TRIPTYCHON-RELIQUIARS AUS DEM STEINKLOSTER
IN ARAGON.

PLATTE 294.

Königliche Akademie für Geschichte.

Teil des Triptychon-Reliquiars aus dem Steinkloster in Aragon.

PLATTE 295.

KÖNIGLICHE AKADEMIE FÜR GESCHICHTE.

GEMÄLDE AUF DER AUSSENSEITE DES TRIPTYCHON-RELIQUIARS AUS DEM STEINKLOSTER IN ARAGON.

PLATTE 296.

STATUE VON PHILIPP III. AUF DER PLAZA MAYOR.

PLATTE 297.

STATUE VON PHILIPP IV. AUF DER PLAZA DE ORIENTE.

PLATTE 298.

STATUE VON ESPARTERO, DEM FRIEDENSSTIFTER.

PLATTE 299.

Statue von General Concha, Marqués del Duero.

PLATTE 300.

STATUE VON VELAZQUEZ.

PLATTE 301.

STATUE VON MURILLO .

PLATTE 302.

RETIRO . STATUE VON GOYA.

PLATTE 303.

STATUE VON CERVANTES.

PLATTE 304.

CERVANTES.

PLATTE 305.

STATUE VON CALDERÓN DE LA BARCA.

(DAS WERK VON J. FIGUERAS.)

PLATTE 306.

Isabel die Katholikin. Bronzegruppe in der Castellana .

(DIE ARBEIT VON OMS.)

PLATTE 307.

DENKMAL ZUR ERINNERUNG AN KOLUMBUS AM PASEO DE RECOLETOS .

PLATTE 308.

DENKMAL ZUR ERINNERUNG AN KOLUMBUS AM PASEO DE RECOLETOS.

PLATTE 309.

DENKMAL ZUR ERINNERUNG AN KOLUMBUS AM PASEO DE RECOLETOS.

PLATTE 310.

DENKMAL ZUR ERINNERUNG AN KOLUMBUS AM PASEO DE RECOLETOS .

PLATTE 311.

DENKMAL ZUR ERINNERUNG AN KOLUMBUS AM PASEO DE RECOLETOS.

PLATTE 312.

DENKMAL ZUM GEDENKEN AN DEN 2. MAI.

PLATTE 313.

NEPTUNBRUNNEN IM PRADO.

PLATTE 314.

DER BRUNNEN DER KYBELE.

PLATTE 315.

DER PRADO MIT DEM BRUNNEN DER VIER JAHRESZEITEN.

PLATTE 316.

DER KÖNIGSPALAST AUS DER CASA DE CAMPO.

PLATTE 317.

KÖNIGLICHER PALAST. DIE WACHABLÖSUNG (HELLEBARDIERE).

PLATTE 318.

DER PALAST.

PLATTE 319.

DER PALAST VON DER PLAZA DE ORIENTE AUS .

PLATTE 320.

DER KÖNIGLICHE PALAST.

PLATTE 321.

FASSADE DES PALASTES.

PLATTE 322.

PALAST UND PLAZA DE LA ARMERIA .

PLATTE 323.

DIE KÖNIGINMUTTER VERLÄSST DEN PALAST.

PLATTE 324.

HAUPTTREPPE.

PLATTE 325.

DETAIL DES THRONSAALS.

PLATTE 326.

GESAMTANSICHT DES THRONSAALS.

PLATTE 327.

DER TRON.

PLATTE 328.

ZIMMER KARLS III.

PLATTE 329.

DAS ZIMMER DER KÖNIGIN.

PLATTE 330.

RAUM DER SPIEGEL.

PLATTE 331.

GASPARINI-ZIMMER VON KARL III.

PLATTE 332.

SÄULENSAAL.

PLATTE 333.

DIE HOCHZEIT.

DER KÖNIG UND DIE KÖNIGIN VERLASSEN DIE KIRCHE UND BETRETEN
DIE KÖNIGLICHE KUTSCHE.

PLATTE 334.

EINE SCHLACHT DER BLUMEN.

PLATTE 335.

SEINE MAJESTÄT DER KÖNIG VON SPANIEN.

PLATTE 336.

SEINE MAJESTÄT KÖNIGIN VICTORIA VON SPANIEN.

PLATTE 337.

DER KÖNIG UND DIE KÖNIGIN VON SPANIEN.

PLATTE 338.

Seine Majestät Königin Victoria.

PLATTE 339.

Ihre Majestät die Königinmutter.

PLATTE 340.

Don Carlos von Bourbon.

PLATTE 341.

Medaille zu Ehren der königlichen Hochzeit.

PLATTE 342.

EINE DAME MIT EINER MANTILLA.

PLATTE 343.

MANTILLAS.

PLATTE 344.

EIN PELOTA-PLATZ IM FREIEN MIT SECHS SPIELERN, DREI GEGEN DREI.

PLATTE 345.

EINE TARTAÑA .

DER ERNTEWAGEN.

PLATTE 346.

SKIZZEN IN SPANIEN.

PLATTE 347.

Skizzen in Spanien.

PLATTE 348.

EIN TÄNZER.   EIN ORANGENVERKÄUFER.

PLATTE 349.

DER BERATER DES
DORFES.

VOLLSTÄNDIGE LISTE DER
LOTTERIEERGEBNISSE.

PLATTE 350.

STIERKÄMPFER IN DER
TAVERNE.

EIN SPANISCHES
MÄDCHEN.

PLATTE 351.

BLICK AUF DAS KLOSTER ESCORIAL.

PLATTE 352.

BLICK AUF DAS KLOSTER (OSTSEITE).

PLATTE 353.

DIE KOLONNADE DES KLOSTERS.

PLATTE 354.

OBERER KREUZGANG DES KLOSTERS.

PLATTE 355.

Unterer Kreuzgang des Klosters.

PLATTE 356.

DER EVANGELISTENHOF.

PLATTE 357.

HAUPTTREPPE DES KLOSTERS.

PLATTE 358.

INNENRAUM DER KIRCHE.

PLATTE 359.

PANTEON DER KÖNIGE.

PLATTE 360.

PANTEON DER INFANTEN.

PLATTE 361.

KAPITELSAAL. (KLOSTER.)

PLATTE 362.

SAKRISTEI. (KLOSTER.)

PLATTE 363.

ALTARBILD DER SANTA FORMA, GEMALT VON CLAUDIO COELLO .

(SAKRISTEI DES KLOSTERS.)

PLATTE 364.

RETABLO AM HOCHALTAR.

(BASILIKA DES KLOSTERS.)

PLATTE 365.

LINKE SEITE DES HOCHALTARS: BEISETZUNG KAISER KARLS V.

PLATTE 366.

DAS TABERNAKEL IN DER ESCORIAL-KIRCHE.

PLATTE 367.

Chor Stände. (Basilika des Klosters.)

PLATTE 368.

BIBLIOTHEK DES KLOSTERS.

PLATTE 369.

APOLLO UND MERKUR, VON PEREGRINO TIBALDI.

(FRESKO AUF DEM BOGEN DER ESCORIAL-BIBLIOTHEK.)

PLATTE 370.

EMPFANGSHALLE. (PALAST.)

PLATTE 371.

HALLE DER BOTSCHAFTER. (PALAST.)

PLATTE 372.

SPEISESAAL. (PALAST.)

PLATTE 373.

POMPEJANISCHER SAAL. (PALAST.)

PLATTE 374.

„Casa del Principe" oder Untere Lodge.

PLATTE 375.

KAFFEERAUM. (CASA DEL PRINCIPE.)

PLATTE 376.

DAS LETZTE ABENDMAHL VON TIZIAN. (DER ESCORIAL.)

PLATTE 377.

DIE HEILIGE FAMILIE, VON RAFAEL.

(CASA DEL PRINCIPE IM ESCORIAL.)

PLATTE 378.

ST. MAURICE UND ANDERE MÄRTYRER, VON EL GRECO.

(KAPITELSAAL DES ESCORIAL.)

PLATTE 379.

DER TRAUM PHILIPPS II. VON EL GRECO.

(KAPITELSAAL DES ESCORIAL.)

PLATTE 380.

COUNTRY DANCE VON GOYA.

PLATTE 381.

DIE WÄSCHERINNEN VON GOYA.

(WANDTEPPICH IM ESCORIAL-PALAST.)

PLATTE 382.

DER CHINA-KAUFMANN VON GOYA.

(WANDTEPPICH IM ESCORIAL-PALAST.)

PLATTE 383.

DIE TRAUBENVERKÄUFER VON GOYA.

(WANDTEPPICH IM ESCORIAL-PALAST.)

PLATTE 384.

KINDER BEIM OBSTPFLÜCKEN, VON GOYA.

(WANDTEPPICH IM ESCORIAL-PALAST.)

PLATTE 385.

DER DRACHEN VON GOYA.

(WANDTEPPICH IM ESCORIAL-PALAST.)

PLATTE 386.

EIN RAUCHER VON TENIERS.

(CASA DEL PRINCIPE IM ESCORIAL.)

PLATTE 387.

DIE GESCHICHTE DER PASSION.

DIPTYCHON AUS ELFENBEIN AUS DEM 13. JAHRHUNDERT.

(AUS DEM CAMARÍN DER ST. THERESIA.)

PLATTE 388.

ÄGYPTISCHE BRONZEN. AMON-RA UND ISIS.

NATIONALES ARCHÄOLOGISCHES MUSEUM.

PLATTE 389.

ÄGYPTISCHE BRONZEN. OSIRIS UND OSOR-API .

NATIONALES ARCHÄOLOGISCHES MUSEUM.

PLATTE 390.

ALCALÁ DE HENARES. PASEO DE CERVANTES.

PLATTE 391.

ALCALÁ DE HENARES. ALLGEMEINES ZENTRALARCHIV.

PLATTE 392.

ALCALÁ DE HENARES. ALLGEMEINES ZENTRALARCHIV.

PLATTE 393.

ALCALÁ DE HENARES. FASSADE DES ARCHIVS.

PLATTE 394.

GERICHT DER ALCALÁ DE HENARES. ALLGEMEINES ZENTRALARCHIV.

PLATTE 395.

ALCALÁ DE HENARES.

KAPELLE DES „ OIDOR ". TATSÄCHLICHER ZUSTAND DER NORDWAND.

PLATTE 396.

ALCALÁ DE HENARES. TATSÄCHLICHER ZUSTAND DER SÜDMAUER.

PLATTE 397.

ALCALÁ DE HENARES.

KAPELLE DES „ OIDOR ". TATSÄCHLICHER ZUSTAND DES FRIESES RUND
UM DIE NORDWAND.

PLATTE 398.

ALCALÁ DE HENARES. DIE UNIVERSITÄT.

PLATTE 399.

ALCALÁ DE HENARES. FASSADE DER UNIVERSITÄT.

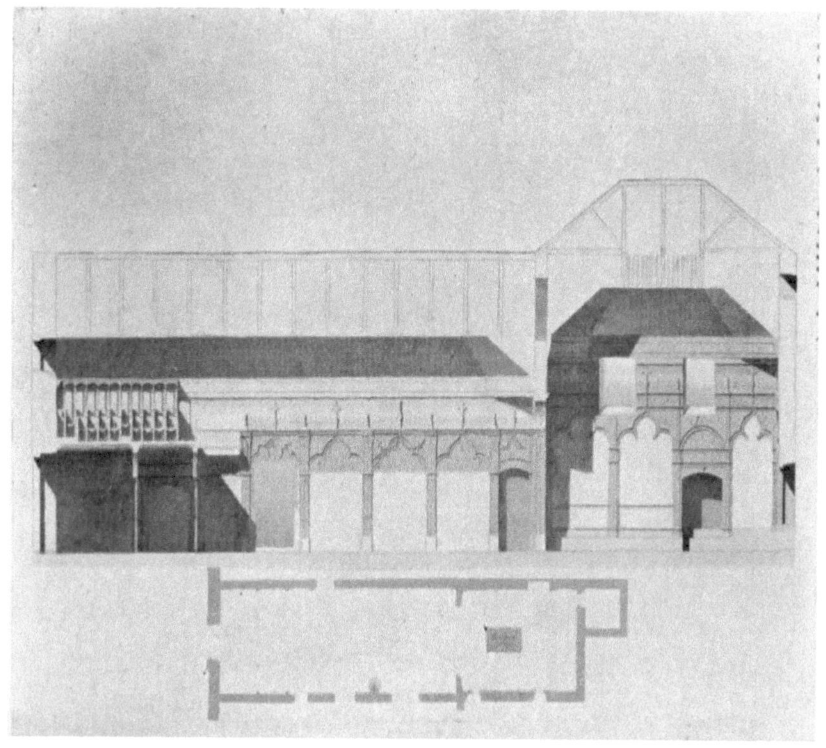

PLATTE 400.

ALCALÁ DE HENARES.

LÄNGSSCHNITT DER KAPELLE SAN ILDEFONSO IN DER UNIVERSITÄT.

PLATTE 401.

ALCALÁ DE HENARES.

DETAILS DER FASSADE DER UNIVERSITÄT.

PLATTE 402.

ALCALÁ DE HENARES. DETAILS DER FASSADE DER UNIVERSITÄT.

PLATTE 403.

ALCALÁ DE HENARES.

PASEO DE LA ESTACIÓN .

PLATTE 404.

ALCALÁ DE HENARES.

MAURISCHER PALAST.

PLATTE 405.

Alcalá de Henares.

Innenraum der Kathedrale.

PLATTE 406.

ALCALÁ DE HENARES.

INNENRAUM DER KATHEDRALE.

PLATTE 407.

Alcalá de Henares.

Die Kathedrale. Kirchenschiff.

PLATTE 408.

ALCALÁ DE HENARES.

GRAB VON DON ALONSO CARRILLO, ERZBISCHOF VON TOLEDO.

PLATTE 409.

ALCALÁ DE HENARES.

GRAB VON KARDINAL FRANCISCO XIMÉNEZ DE CISNEROS.

PLATTE 410.

ALCALÁ DE HENARES.

GRAB DES ERZBISCHOFS VON TOLEDO, DON ALFONSO CARRILLO DE ACUÑA .

PLATTE 411.

ALCALÁ DE HENARES.

EINZELHEITEN ZUM GRAB VON KARDINAL FRANCISCO XIMÉNEZ DE CISNEROS.

PLATTE 412.

ALCALÁ DE HENARES.

KAPELLE VON SANTIAGO IN DER KIRCHE SANTA MARÍA.

PLATTE 413.

Alcalá de Henares.

Kapelle von Santiago in der Kirche Santa María.

PLATTE 414.

ALCALÁ DE HENARES. TREPPENHAUS IM ERZBISCHÖFLICHEN PALAST.

PLATTE 415.

ALCALÁ DE HENARES.

EINZELHEITEN ZUM WESTHOF UND EINGANGSHOF,
ERZBISCHOFSPALAST.

PLATTE 416.

ALCALÁ DE HENARES.

LÄNGSSCHNITT UND DETAILS DES ERZBISCHÖFLICHEN PALASTES.

PLATTE 417.

ALCALÁ DE HENARES.

FRONTISPIZ eines Buches mit dem Titel „Vita Cristi Cartuxano .

PLATTE 418.

MUÑOZA- BULLEN, EIGENTUM DES HERZOGS VON VERAGUA , VON JOAQUÍN DÍEZ .

PLATTE 419.

TESTEN EINES „ BECERRO " ODER JUNGBULLEN IN TABLADA BEI SEVILLA DURCH JOAQUÍN DÍEZ .

PLATTE 420.

AUSWAHL VON BULLEN AUS DER HERDE DES HERZOGS VON VERAGUA
IN „LA MUÑOZA " VON JOAQUÍN DÍEZ .

PLATTE 421.

DIE TOILETTE DES TOREADORS VOR DEM STIERKAMPF, VON V. ESQUIVEL.

PLATTE 422.

VOR DEM STIERKAMPF VON B. FERRANDIZ .

PLATTE 423.

TOREADOREN BEREITEN SICH DARAUF VOR, DIE ARENA ZU BETRETEN,
VON J. AGRASOT.

PLATTE 424.

DEN STIERKÄMPFER UNTERHALTEN, VON ALARCÓN .

PLATTE 425.

„HIER KOMMT DER STIER!" VON P. FRANCÉS.

NATIONALE AUSSTELLUNG DER BEAUX-ARTS, 1887.

PLATTE 426.

„DER UNGEBETENE GAST" VON E. MÉLIDA .

PLATTE 427.

KOPF EINES STIERS, VON JOAQUÍN DÍEZ .

PLATTE 428.

HAUPTFASSADE DER NEUEN PLAZA DE TOROS.

PLATTE 429.

HAUPTEINGANG ZUR NEUEN PLAZA DE TOROS.

PLATTE 430.

INNENRAUM DER NEUEN PLAZA DE TOROS.

PLATTE 431.

STIERKAMPF. EINGANG DER „CUADRILLA".

PLATTE 432.

STIERKAMPF. EIN PICADOR, DER DEN STIER ANSTIFTET.

PLATTE 433.

STIERKAMPF. DER PICADOR.

PLATTE 434.

STIERKAMPF. DER PICADOR.

PLATTE 435.

STIERKAMPF. EIN WENIG."

PLATTE 436.

STIERKAMPF. EIN „QUITE" VON EL GALLO.

PLATTE 437.

STIERKAMPF. LAGARTIJO NACH EINEM „ RECORTE “.

PLATTE 438.

STIERKAMPF. DIE BANDERILLAS.

PLATTE 439.

STIERKAMPF.

FRASCUELO IRRITIERT DEN STIER MIT EINEM UMHANG, BEVOR ER IHN TÖTET.

PLATTE 440.

STIERKAMPF. LAGARTIJO IRRITIERT DEN STIER MIT EINEM UMHANG,
BEVOR ER IHN TÖTET.

PLATTE 441.

STIERKAMPF. DER BULLE WIRD AUS DER ARENA GEZERRT.

PLATTE 442.

Damen beim Stierkampf.

PLATTE 443.

DIE PROZESSION.

EINGANG DES BULLEN.

PLATTE 444.

DER PICADOR.

AUS DER NÄHE.

PLATTE 445.

EINE WENDE MIT DEM RÜCKEN ZUM STIER.

DIE BANDERILLAS REPARIEREN.

PLATTE 446.

DER MATADOR.

DER LETZTE SCHLAG.

PLATTE 447.

STIERKAMPF. SPRINGE ÜBER DEN STIERHALS.

PLATTE 448.

STIERKAMPF. SPRUNG MIT DER STANGE.

PLATTE 449.

STIERKAMPF. BANDERILLAS.

PLATTE 450.

TOREADOR WIRD WÄHREND EINES STIERKAMPFES VON LIZCANO
VERWUNDET .

PLATTE 451.

GUERRITA . BANDERILLERO.   ANTONIO FUENTES.

PLATTE 452.

LUIS MAZZANTINI UND CUADRILLA.

PLATTE 453.

STIERKAMPF.